LE RELIGIEUX
DU PRÊTRE PONTU
PHILOSOPHIQUE,
OU DÉFENSE
DES VÉRITÉS DE LA RELIGION
CHRÉTIENNE,

Contre l'Auteur du Dictionnaire Philosophique portatif.

Par un Ecrivain compatriote.

Sapientiam, atque Doctrinam stulti despiciunt.
Les Insensés méprisent la sagesse, & la saine
Doctrine.
                    Prov. ch. 1. v. 7.

M. DCC. LXVIII.

AU PUBLIC.

L'IMPARTIALITÉ fit toujours votre véritable caractere ; tous vos Jugemens sont dictés par la Sagesse ; la vérité seule peut mériter votre aprobation ; vous êtes l'ennemi irréconciliable du mensonge ; il essaieroit en vain de paroître devant vous sous les aparences du vrai ; vous favez éclairer ses plis & ses replis ; tous ses artifices vous sont connus. La France fourmille de personnes de tout sexe & de tout état, qui se disent *du Prétendu bon Ton*. Quand une fois on est parvenu à perfuader qu'on en est là, l'on prend place de droit parmi les beaux esprits. Vous êtes à portée de découvrir ce nouveau genre de manie : vous pouvez seul bien déchirer le voile qui en cache les horreurs. Il est inconcevable que dans le sein de la politesse, la façon de penser soit devenue si généralement barbare. C'est la mode aujourd'hui, parmi les François, qui qualifie leurs actions ; le beau & le bon lui doivent leur prix ; elle fait de tout la regle & le bon ton ; tout se faisoit il y a quelques années à la *Ramponneau* ; on s'est lassé de cette façon, la légéreté & non le goût de la Nation l'a proscrite. Tout se fait à présent à *la grecque*. Que dis-je ! on pense & on raisonne à la grecque. Pyrrhon fut jadis l'inventeur de cette derniere façon de mode françoise : Toute la Théologie de ce Philosophe consistoit dans un doute de toutes choses ; & sa morale à enseigner qu'il n'y avoit rien d'honnête ou de malhonnête, de juste ou d'injuste, de bon ou de mauvais en soi. Les prétendus Philosophes de nos jours, se disent Pyrrhoniens dans tous leurs Ecrits, & se montrent tels encore dans toute leur conduite. Puissiez-vous travailler désormais à faire cesser d'aussi monstrueux excès, faire entendre votre voix puissante, & donner de la force à la mienne dans cette extinction presque générale de la Foi ; dans ce déluge d'iniquité qui inonde le Royaume, qui en a corrompu toutes les mœurs, qui semble en avoir banni pour toujours, au moins parmi un très-grand nombre, la piété, la candeur, la probité, la justice.

PRÉFACE.

ON fait rarement accueil à la critique de coupables excès adoptés par la multitude. Les gens, sur-tout du prétendu bon ton, n'aiment pas à voir leurs ridicules mis au grand jour, accoutumés à la voix enchantereſſe de la flatterie, ils refuſent d'entendre celle de la ſageſſe qui leur reproche leurs torts ; la grande opinion qu'ils ont d'eux-mêmes, & peut-être de leur nom fameux, les rend ennemis de toute contradiction. Quand ils ont parlé, tout eſt dit ; on doit ſe ſoumettre, leurs déciſions ſont des oracles ſûrs ; ce ſont de ces génies rares produits à peine dans l'eſpace de pluſieurs ſiecles, prépoſés dans une Ville pour en éclairer les Citoyens ; hommes privilégiés de la nature, leurs lumieres, ſi on les en croit, ſont vives & perçantes ; ils n'aperçoivent point de difficultés qu'ils ne puiſſent aplanir ; toute leur croyance eſt fondée ſur l'autorité de leur infaillible raiſon, leurs mœurs ſont réglées ſelon les forces judicieu

PRÉFACE.

sément balancées de l'humanité; leurs usages sont irréformables; leurs maximes sont belles; leurs fastes; leurs dépenses sont toujours proportionnés à leur rang & à la figure qu'ils sont obligés de faire dans le monde; si leurs revenus sont petits, qu'importe? Leurs ressources sont immenses, leur crédit est établi, & la confiance dont ils jouissent dans le public, est entiere; on doit consulter le goût à la mode, & non ses moyens pour soutenir l'éclat de son état. Le Peuple est fait pour travailler, ses talens doivent servir à entretenir le luxe des gens d'une certaine façon; se réformera-t-on parce que l'on manque de biens? Plaisant motif! Quand on a pris l'essor, il faut savoir le conserver, ou même l'augmenter aux dépens de tout. C'est-là le bon ton.

Il est aisé de connoître d'où peut venir ce bon ton prétendu qui a malheureusement gagné presque tous les ordres de l'Etat, l'incrédulité & la corruption des mœurs marchent ordinairement d'un pas égal. Les Philosophes prétendus de notre siecle ont lu les Ouvrages de l'Antiquité païenne, ils y ont trouvé des systêmes pernicieux d'une fausse Religion qu'ils ont adoptés. La singularité des sentimens, la hardiesse des pensées, la réputation peut-être des Auteurs, l'envie par-dessus tout

PREFACE.

de se faire un nom, tout a contribué à les séduire; d'après ces grands Maîtres du mensonge, ils ont composé des Livres. L'Etranger indépendant de nos Loix & de nos religieux usages, s'est chargé de leur impression; on les a colportés sous le manteau à Paris & dans la Province: ce debit caché qui auroit dû naturellement les rendre suspects d'erreur, les a fait rechercher avec plus d'empressement; chacun a voulu avoir des Ouvrages qu'on nommoit philosophiques; ils sont entre les mains d'une infinité de François qui les lisent sans en apercevoir le poison; leur esprit dans une telle lecture, s'aveugle; la Foi s'éteint, leur cœur se corrompt; les passions sans frein deviennent furieuses; on boit l'iniquité comme l'eau; le nom de vertu devient arbitraire; on ne voit plus rien de bon ou de mauvais, d'honnête ou de malhonnête, de juste ou d'injuste en soi.

Je voudrois bien pouvoir faire sentir ici une bonne fois, toute l'horreur & tout le mépris qu'on doit avoir pour des Livres semblables. La Religion seroit rétablie dans tous ses droits; les mœurs reprendroient leur pureté & leur innocence, il régneroit plus de bonne foi dans le commerce, la société seroit plus harmonieuse, l'ordre revivroit dans toutes les

PREFACE.

conditions; l'impie ne se serviroit plus de sa raison que pour connoître quand Dieu parle, & convenir que quand il a parlé, il faut croire à sa parole. Le Libertin rougiroit de ses désordres, & ne feroit plus gloire de les commettre. Le Noble, le Roturier, le Bourgeois se renfermeroient dans leur fortune, ils ne travailleroient plus à faire des dupes de toute part; ils ne chercheroient plus à se distinguer au préjudice de la bourse du Concitoyen, du Régnicole, de l'Etranger; ils se contenteroient de se faire honneur des fonds qui sont à eux, & non de ceux du public, qui ne leur apartiennent pas : & ils se convainqueroient pour toujours que ce que l'on doit apeller bon ton, ne peut véritablement se trouver que dans les sentimens d'une soumission entiere à l'autorité des divins Oracles, & dans les actions de sagesse, de probité & de justice. Ce langage paroîtra étrange à plusieurs personnes, d'autres pourront l'aprouver : Je desire ardemment qu'il produise dans tous, l'effet que je me propose.

LE RIDICULE
DU PRÉTENDU BON TON PHILOSOPHIQUE.

LE Christianisme est trop vieux pour plaire aujourd'hui. On veut du neuf jusqu'en matiere de Religion. Des dogmes de dix-huit siecles paroissent surannés au François partisan des Doctrines nouvelles. On voit les prétendus Sceptiques de nos jours, qui passent pour gens d'un génie supérieur, donner au Public les productions d'une imagination féconde en impiétés. On lit d'abord avec quelque trouble, ces sortes d'ouvrages. Dans ces premiers momens on crie plus d'une fois à l'excès de méchanceté; quelque-tems après on les reprend ; on veut les relire ; peu à peu les yeux s'y accoutument, l'esprit se gâte ; le cœur se corrompt ; on cherche à se mettre à son aise. On est charmé de trouver des opinions qui dégagent de toute gêne. On se reproche ses années passées de docilité. Dans ces dispositions on se réjouit, par avance, de la rencontre de ces hommes qu'on dit être du bon ton. On ne manque pas de se rendre dans les lieux où l'on pense qu'ils peuvent se trouver. On croit les apercevoir. C'est eux-mêmes. On court à eux. Apres les complimens ordinaires, la conversation s'engage. On brûle de l'envie de se faire une réputation de bel esprit. On sait qu'il suffit pour cela, de montrer du goût pour la Littérature à la mode. La mémoire est heureuse. On s'en rapelle quelques morceaux qui plaisent. On saisit avec empressement l'occasion favorable de les dire. Avez-vous lu, dit-on, le Dictionnaire Philosophique portatif de.... c'est un chef-d'œuvre d'érudition. Il faut convenir que le François, rempli jusqu'alors des préjugés de ses peres qui étoient tous de bonnes gens, a de grandes obligations à ce savant Ecrivain. Que de beautés ravissantes ! Cet Auteur parle d'or ; il n'est pas une phrase qui ne soit une vérité démontrée ; tels & tels endroits des pages... sont bien frapés. Il emporte la piece. Quel est l'homme raisonnable qui pourroit les combattre ?

Je ne craindrai pas, hommes qui avez des yeux, & qui ne voyez plus ; des oreilles, & qui n'entendez plus ; une bouche, & qui ne parlez plus que pour préconiser le mensonge, (a) de commettre les intérêts de ma raison, quand je dirai que ce qui vous fait crier si fort au sublime de ce Dictionnaire Philosophique, ne sont, à parler vrai, que des idées hasardées, que des interprétations fausses, que des raisonnemens captieux, des paralogis-

Ici commence la défense des vérités de la Religion Chrétienn. cont. l'Aut du Dict. Phil. port.

(a) Ps. 113.

mes que l'esprit prétendu fort désavoué toutes les fois qu'il se croit toucher au moment critique de payer le tribut commun. (*b*) On les voit sans fondement sûr, contraires les uns aux autres, inconséquens. Dès l'entrée de son ouvrage, le Catéchiste des Déistes de notre siecle, qui se propose de jouer ici le rôle de mauvais plaisant, prend le ton turlupin. Il le continue dans presque toutes les pages, pour avertir de la foi qu'il donne à l'Histoire Judaïque & Chrétienne. Son dessein n'est pas une énigme difficile. Il le fait bientôt connoître. Il veut faire croire par-là, que tous les faits que l'une & l'autre renferment, sont autant, comme il le dit ailleurs, de pieuses fadaises consacrées par une superstitieuse crédulité. Cette entreprise sacrilége est digne du grand

(*b*) L'Auteur connu du Dictionnaire Philosophique, tomba malade il y a quelques années, d'une insomnie fâcheuse : on lui fit prendre une dose d'opium un peu forte; ses jours parurent en danger. Il fit apeller les Prêtres, & leur demanda les secours spirituels.

oracle de tous les beaux esprits. Voyons-en le succès. Il a découvert au commencement de la Genese, un anacronisme de soixante ans. Cette découverte auroit-elle échapé à tous les Savans de l'antiquité, ou même de notre siecle ? Elle étoit peut-être réservée au nouveau Catéchiste. Il ose avancer, mais sans note qui indique l'endroit de la Genese, à l'article d'Abraham, que ce premier fils de Tharé sortit à soixante-quinze ans du pays de Haran, après la mort de son pere Tharé le potier ; que Tharé, selon la Genese, ayant engendré Abraham à soixante & dix ans, ce Tharé vécut jusqu'à deux cens cinq ans, & qu'Abraham ne partit de Haran qu'après la mort de son pere.

Ch. Abraham.

L'Historien sacré ne s'explique point ainsi. Il est facile de s'en convaincre. Prenons le texte. Consultons-en la lettre. Tharé avoit soixante & dix ans quand il engendra Abram, Nachor, & Aran...... Tharé prit Abram son fils, Lot fils d'Aran, le fils de son fils,

Saraï sa belle-fille, femme d'Abram son fils, & ils sortirent ensemble de l'Ur des Chaldéens, pour aller en la terre de Chanaan. Ils vinrent jusqu'à Haran où ils habitérent; les jours de Tharé furent de deux cens cinq ans, & il mourut à Haran.

Or le Seigneur dit à Abram, sors de ton pays, de ta parenté, de la maison de ton pere, & viens dans la terre que je te montrerai..... Abram sortit donc comme Dieu lui avoit ordonné, accompagné de Lot. Abram avoit soixante & quinze ans quand il sortit de Haran. (*c*)

(*c*) Gen. ch. 11. *Vixitque Thare, septuaginta annis, & genuit Abram, Nachor, & Aran...... tulitque ita Thare Abram filium suum, & Lot filium Aram, filium filii sui, & Sarai nurum suam uxorem Abram filii sui, & eduxit eos de Ur Chaldæorum, ut irent in terram Chanaan: veneruntque usque Haran, & habitaverunt ibi. Et facti sunt dies Thare ducentorum quinque annorum, & mortuus est in Haran.*

Ibid. chap. 12. *Dixit autem pro dixerat autem; Est hic prolepsis Dominus ad Abram: egredere de terra tua, & de cognatione tua, & de domo patris tui, & veni in terram quam monstrabo tibi..... egressus est ita-*

Abram étoit l'aîné de sa famille. Si Tharé eut été mort quand Dieu lui ordonna de partir pour aller dans la terre qu'il devoit lui montrer, il ne lui eût pas dit de sortir de la maison de son pere, mais seulement de sa maison. Quelle autre façon de parler ? Dira-t-on jamais à un homme, sur-tout quand on saura que son pere est mort depuis très-long-tems, & que l'on sera en droit de lui ordonner de partir pour aller dans quelque terre éloignée, de sortir de la maison de son pere ? Qu'en semble-t-il à M. l'Académicien de l'Académie Françoise ? Abram quitta Haran & la maison de son pere à soixante & quinze ans, pour aller dans la terre que Dieu devoit lui montrer. Tharé vivoit encore. Il ne fut pas de ce voyage. Il demeura à Haran avec le reste de sa famille ; il y mourut âgé de deux cens cinq ans. (*d*) (*e*)

que Abram sicut præceperat ei Dominus, & ivit cum eo Lot. Septuaginta quinque annorum erat Abram cùm egrederetur de Haran.

(*d*) *Egressus est, scilicet multo antequam pater mo-*

Il faut bien aimer la contradiction, & la vouloir par toutes sortes de voies,

reretur. Aug. civ. cap. 15. *Nota quod ex Ur dicitur exisse anno ætatis. 52. ex Haran autem. 75. vivo patre, quem subinde invisebat. Vixit enim pater postea 60 annis, quo mortuo numquam rediit in Haran.*

(e) Je raporterai ici un second sentiment qui, bien aprofondi, ne laisse rien à desirer.

Estius, Sacy, Calmet, & quelques autres Commentateurs pensent qu'il n'est pas certain qu'Abraham soit l'aîné de Nachor & d'Aran. L'Ecriture ne le place le premier dans la Généalogie qu'elle donne des enfans de Tharé que parce qu'il devoit être le pere des Croyans. C'est un mystere & un privilége de dignité. Sem dont sortent les Juifs, plus jeune que Japhet, a le rang sur lui dans le dénombrement des fils de Noé. Moïse conducteur & législateur des Juifs, est toujours nommé de même dans les Livres saints avant Aaron son frere né toutefois trois ans avant lui. * Aran est mort le premier de tous; & ce qui est à observer, le premier aussi qui ait eu des enfans, Lot, Melcha, Jescha, autrement Sarai. Nachor épousa Melcha. Abraham Sarai. * La date de la naissance de ces enfans, & de ceux de Tharé, n'est pas marquée. Sa soixante-dixieme année n'est mise que comme celle où il commença à avoir des enfans, & non comme l'année précise de la naissance de ses trois

* S. Jérôm & S. Aug.

* Sarai étoit niece d'Abraham; il la nomme sa sœur devant Pharaon; com-

pour en trouver dans ces endroits de l'Ecriture. Le Contradicteur accoutumé depuis long-tems à ce genre de combat, s'en est fait une habitude. Il le répete sans remords toutes les fois qu'il croit en avoir l'occasion. Vous ne le verrez jamais dans ses ouvrages, apliqué sincérement à la recherche de la vérité. Cette découverte ne lui semble pas digne de son ambition. Pourvu qu'il paroisse penser autrement que le vulgaire, il ne demande rien de plus. Chez les Athées il prendroit le ton de Croyant. Il eût été avantageux à la Religion Romaine qu'il fut né en Turquie, il y eut combattu l'Alcoran, & travaillé à établir sur ses ruines le Christianisme. Le

me ll nomme ailleurs, Lot, son frere, selon la coutume des Hebreux qui apellent freres & sœurs, les proches parens. Cet époux de Sarai étoit assuré que Dieu la protégeroit. Il sauve sa vie, en nedisant que ce qui est véritable selon le langage de son pays, & il remet à Dieu le soin de sauver l'honneur de sa femme. S. Aug. contra Faustum lib. 22. ch. 36.

fils. On pourroit dire Aran l'aîné de tous ses freres, & Abraham le dernier, né la cent-trentiéme année de son pere. Sa vocation arriva dans l'Ur des Chaldéens, Province de la Mésopotamie. Tharé avoit cent quatre-vingt-deux ans, Abraham cinquante-deux, quand il en sortit avec toute sa famille pour aller à Haran. Il y mourut âgé de deux cens cinq ans.

Luthéranisme, le Calvinisme, le Déisme, le Matérialisme, ou Spinosisme; toutes ces Sectes différentes eussent eu leur tour.

G. Ame. Plus croyant, si l'on veut, que Spinosa, mais aussi se suivant moins que ce misérable Athée ; le Catéchiste des Déistes de notre siecle, dans le systême qu'on aperçoit qu'il veut établir de la mortalité de l'ame, reconnoît un Dieu. (*Sans cette foi au moins de l'existence de Dieu, pourquoi dire que lui seul peut connoître son essence ?*) La raison alors lui présente un Etre infiniment parfait, éternel, qui n'a point eu de commencement, & qui n'aura jamais de fin. Immense qui remplit tout, qui est présent par-tout. Immuable qui ne change point, dont la volonté est toujours la même. Infaillible qui n'est pas sujet à erreur, qui ne peut se tromper. Tout puissant, qui a pu faire tout ce que nous comprenons, & tout ce que nous ne comprenons pas ; qui a fait tout ce que nous ne voyons pas, &

tout ce que nous voyons, le Ciel, la Terre, les Astres, les Hommes. les Animaux, les Plantes, les Minéraux, &c. Sage, qui gouverne tout, qui regle tout, qui tient tout dans un ordre admirable. Intelligent, qui connoît tout, qui voit tout, le passé, le présent, le futur. Bon, qui fait luire le Soleil sur le juste & l'injuste, qui fait du bien à tous. Miséricordieux, qui ne demande pas la mort du pécheur, qui veut qu'il se convertisse. Juste, qui récompense la vertu, qui punit le vice.

Si tout périt à la mort ; si l'ame de l'homme est mortelle ; si sa fin ne différe pas de celle de la brute ; si elle se pourrit comme les oignons & les choux ; si elle se calcine comme la pierre, dans qui Dieu un jour châtiera-t-il le crime ? & dans qui couronnera-t-il les bonnes actions ?

Reconnois, ô homme, ton égarement excessif dans l'explication que tu veux faire des choses qui sont au-dessus de toi ! tu penses, tu combines tes pensées, tu en fais des raisonnemens, tu conclus qu'il y a dans toi un Être qui les produit. Ne cherche pas à lui assigner le néant pour terme. Tes pensées peux-tu les voir, les toucher? peux-tu les diviser? Tu es contraint de reconnoître là toutes les propriétés de l'esprit. Le mode ne sçauroit être plus noble que son principe. Vous croyez, Sophiste subtil, avoir assez prévu tous les argumens, *pag. 4 & 5. ch. de l'ame*. Je n'en conviens pas. Vous concevez sans peine, les corps sans mouvement, la matiere sans gravitation, les plantes sans végétation. Ces dernieres ne végétent pas toujours; & les autres sont indifférens à graviter, à se mouvoir. Vous ne pouvez concevoir l'homme sans le concevoir être pensant. On l'a défini animal raisonnable. Il doit penser avant tout; j'en infére qu'il pense toujours; il ne combine pas de même. Dans l'enfance les ressorts de la machine ne sont pas encore formés. Ils paroissent s'user dans la vieillesse. Pendant le sommeil leur jeu est ralenti, &

par-là moins propre aux impressions de l'ame. La tulipe quand sa saison est revenue, combine-t-elle l'activité plus ou moins grande de sa végétation, la matiere mise en mouvement, de sa gravitation ? Vous n'oseriez répondre affirmativement. Vous pourriez dire plutôt que la végétation, la gravitation, la force motrice, ne sont que des mots de convention, & rien de plus. La végétation sert à exprimer la circulation des liqueurs dans les différens canaux de tout ce qui prend accroissement, hommes, animaux, plantes, métaux, minéraux, &c. La gravitation à signifier la tendance d'un corps vers un autre, pour le mouvoir quand le premier a reçu impulsion de son moteur. Vouloir dire que tout cela est impalpable, invisible, indivisible pour avoir occasion de le placer dans l'ordre des choses que nous disons spirituelles, des êtres qui pensent, qui combinent, qui raisonnent, qui sont capables de bien & de mal, susceptibles de mérites & de démérites; c'est battre l'air.

Vous mettez en queſtion bien d'autres abſurdités qui ne ſont pas plus ſoutenables. Les animaux avec qui vous ſeriez flatté d'aller de pair, agiſſent néceſſairement. Ils ſe répétent dans toutes leurs opérations ; ils ne ſont pas meilleurs ouvriers la centieme fois qu'ils avoient été la premiere. Le Chaſſeur aprend au chien à arrêter le gibier ; il fait ce métier tant qu'il eſt mené. Ses leçons ceſſent ; l'écolier diſparoît. Vous perfectionnez, au moins quant à la diction, tous les jours vos ouvrages ; on y aperçoit une plus grande fineſſe de tact que quand vous fîtes l'hiſtoire de . . . . Les plantes, les minéraux à qui vous voudriez vous comparer, végetent ſelon les Loix immuables de la nature. Quel autre maître écoutent-ils ? Leur Auteur ne leur demandera point de compte. Vous ſentez que toutes vos actions ſont libres ; que le mal que vous commettez eſt votre ſeul ouvrage ; que vous pouvez faire tout le bien moral que vous n'opérez pas. Vous cherchez à vous faire illusion, & à la faire aux autres par de vieilles erreurs sur la destinée d'un avenir que vous craignez ; allez le chemin droit, suivez la route que vous offre l'Ecriture que vous citez. Je ne vous rapellerois pas à ces sacrés Oracles qu'au fonds vous n'écoutez guére, si je ne vous voyois vouloir vous en autoriser. L'homme est fait à l'image de Dieu. (ƒ) Je ne vous dirai pas que ce ne peut être selon le corps, que Dieu est tout esprit. Je supose que vous convenez de tout cela ; quelle plus grande preuve voulez-vous de la spiritualité de l'ame, de son immortalité, de ses mérites & de ses démérites, des récompenses & des peines éternelles, de la certitude d'une autre vie ?

Il n'est pas étonnant que Moïse qui continue d'en parler sous des ombres mystérieuses dans plusieurs autres endroits de ses Livres saints, n'en ait rien dit clairement ni dans le Décalogue, ni dans le Lévitique, ni dans le Deutéro-

(ƒ) Gen. ch. 11.

nome. Ce sage Conducteur des Israélites connoissoit la légéreté de cette Nation, & son penchant à retourner au culte des Simulacres. Il travailloit à l'attacher indissolublement à celui du vrai Dieu par l'espérance des récompenses, & par la crainte des châtimens qu'il savoit convenir à des peuples grossiers & terrestres. On présente à un enfant des fruits beaux à la vue, & bons à la santé pour lui en faire abandonner d'autres qui pourroient lui nuire. Une Religion d'ailleurs, simple figure de la Loi de Grace qui est toute en Mysteres, ne demandoit pas la même sublimité dans les objets de sa foi. Depuis que le Fils de Dieu a paru sur la terre, qu'il a daigné parler lui-même aux hommes, le Chrétien fidèle croit les choses qu'il comprend, & celles qu'il ne comprend pas, l'incarnation d'un Dieu, sa naissance obscure, sa vie humiliée & pauvre, sa mort honteuse sur une Croix, sa glorieuse Résurrection, la nôtre pour le Jugement général, ses aparitions différentes

férentes, son Ascension au Ciel, tous les prodiges qu'il a opérés, les miracles que les Apôtres ont fait en son nom, la vision de saint Pierre en Joppé, celle de saint Jean dans l'Isle de Pathmos, l'Apocalypse.

Ce Livre des Révélations du Disciple bien-aimé, ne passa jamais pour apocryphe, au moins dans toutes les Eglises. Celles d'Ephese, de Smyrne, de Pergame, de Thyatire, de Sardes, de Philadelphe, l'ont pensé Canonique. Il paroît par le soixantieme Canon du Concile de Laodicée, que l'Eglise du même nom douta de sa Canonicité dans le Catalogue qu'elle donne des Ecritures Protocanoniques de l'ancien & du nouveau Testament : M....... pag. 26. de son Dictionnaire, en parle de même. Il croit cette citation avantageuse pour faire illusion sur ce qu'il vient de raporter à ce sujet de Denis d'Alexandrie.

Ce saint Personnage qui écrivoit vers le milieu du troisieme siecle, qui, se-

Ch. Apocalypse.

Son Eusebe, *lib. 7. de son Histoire, ch.* 25, dit que l'Apocalypse est aussi admirable qu'elle est peu connue; qu'encore qu'il n'en n'entende pas les paroles, il sait néanmoins qu'elles renferment de grands sens sous leur obscurité & leur profondeur, qu'il ne se rend pas pas le juge de ses vérités, & qu'il ne les mesure pas par la petitesse de son esprit; mais que donnant plus à la foi qu'à la raison, il les croit si élevées au-dessus de lui, qu'il ne lui est pas possible d'y atteindre, & qu'ainsi il ne les estime pas moins lors même qu'il ne peut les comprendre; mais au contraire, qu'il les révére d'autant plus qu'il ne les comprend pas; ce saint personnage, dis-je, auroit pu avancer dans ses fragmens conservés par le même Eusebe, que presque tous les Docteurs rejettoient l'Apocalypse comme un Livre destitué de raison; que ce Livre n'a pas été composé par saint Jean, mais par un nommé Cérinthe, lequel s'étoit servi d'un grand nom pour donner plus de poids à ses rêveries ? Qui le croira ? Aussi M..... contradicteur fameux par la multiplicité des objections semées çà & là dans tout son ouvrage de ténebres, ne cherche-t-il pas à instruire ici, mais à embrouiller toutes choses, à faire revivre des difficultés détruites, à répandre des doutes.

Le dogme du Baptême aussi ancien que la Religion Chrétienne, lui en fournit une occasion nouvelle. Jesus-Christ, selon lui, ne baptisa jamais. Il n'est pas sûr que les quinze premiers Evêques de Jérusalem eussent été baptisés. On ne commença qu'au second siecle à baptiser des enfans. Qui ne penseroit à lire ces argumens des pages 35, 36 & 37 du Dictionnaire Philosophique que leur Auteur a vu arriver tout ce qu'il avance. Il ne nomme ni Romain, ni Grec, ni Gentil, ni Juif, ni Chrétien qui les aient enseigné ; il veut aparemment être cru sur sa parole. Cette prétention ne paroît guére fondée. Je croirai plutôt, ne lui en déplaise, au témoignage de l'Evangile. Jean baptisa dans l'eau. Un plus puissant que lui doit bientôt venir, il baptisera dans le Saint Esprit, & dans le feu. Jesus-Christ paroît, il veut que les petits enfans l'aprochent, il les benit, leur impose les mains, ils reçoivent le Baptême annoncé par le Précurseur. Les Apôtres furent ainsi baptisés le jour de la Pentecôte, ils étoient tous assemblés dans le même lieu ; un grand bruit comme d'un vent impétueux qui venoit du Ciel, se fait entendre dans toute la maison où ils étoient assis ; ils voient paroître comme des langues de feu, elles se partagent, & s'arrêtent sur chacun d'eux, ils sont tous aussi-tôt remplis du S. Esprit ; ils commencent à parler diverses langues selon que l'Esprit qui étoit en eux, leur mettoit les paroles dans la bouche. Les peuples qui sont accourus à ce prodige, Parthes, Médes, Elamites, Crétois, Arabes, &c. en sont étonnés ; ils ne peuvent comprendre ce qu'ils voient, ils s'entredisent que veut dire ceci ?

d'autres s'en moquent ; ce sont des hommes ivres. Pierre alors se présente avec les onze Apôtres, & élevant la voix, il leur reproche leurs torts, & leur explique les Ecritures. Ceux qui écoutèrent de bon cœur sa parole furent baptisés, & reçurent le don du S. Esprit, selon la promesse qui leur en avoit été faite & à leurs enfans. L'Evangile est annoncé par-tout. La Circoncision qui jusqu'alors avoit tenu lieu de Baptême, perd sa vertu. Il ne sert plus de rien d'être circoncis ; la figure est détruite, les ombres ont disparu, la vérité éternelle a parlé ; il faut renaître de l'eau & de l'esprit, pour avoir part au Royaume de Dieu. Les Disciples de Jesus baptisent dans l'eau, quoique Jesus-Christ leur maître & leur modele, n'y baptisa jamais. Le souverain Législateur se soumet à la Loi quand il veut, & de la maniere qu'il lui plaît. S. Paul dont le ministere principal, étoit la prédication, baptise la famille de Stéphanas ; celles de Lydie & de Crispe, Crispe & Lydie eux-mêmes. Dans toutes ces familles différentes, n'y auroit-il eu que des adultes ? & ne s'y feroit-il trouvé aucun enfant ? Cet Apôtre est mort l'an 65 de notre Ere. Ceux qui lui succéderent dans le ministére, suivirent, selon le témoignage de Saint Augustin, (*a*) cette pratique apostolique de baptiser, sans distinction d'âge, tous ceux qui se présentoient à eux. Nous ne voyons personne avant Fide, Evêque d'Afrique, qui ait incliné à y déroger. Il proposa en 257, ses doutes à ce sujet, au Concile de Carthage. Les Peres de ce Concile chargerent Saint Cyprien de lui écrire à leur nom & au sien propre, & de lui marquer les motifs qui les avoient portés à les condamner.

Le premier pas dans le Christianisme, est le Baptême. Les Ministres consacrés au service des Autels, devoient être nécessairement régénérés dans ces eaux

(a) *Consuetudo*, inquit lib. 10. de Gen. c. 23, *matris Ecclesiæ in baptisandis parvulis, nequaquam spernenda est, nec ullo modo superflua deputanda, nec omnino credenda, nisi Apostolica esset traditio.*

falutaires. Les Minorés, les Initiés aux Ordres facrés, les Evêques, tous étoient baptifés; il ne paroît pas raifonnable de douter fi Saint Jacques le mineur, (*b*) Saint Siméon, fils de Cléophas, Jufte premier, Zachée ou Zacharie, Tobie, Benjamin premier, Jean premier, Mathias, Benjamin fecond, Philippe, Séneque, Jufte fecond, Lévi, Ephrem, l'avoient été, parce qu'ils étoient tous de race Juive. S'ils euffent été circoncis, & rien de plus, ils euffent été juftement du nombre de ceux dont parle l'Apôtre, qui, voulant être juftifiés par la Loi, n'auroient point eu de part à Jefus-Chrift, & auroient été déchus de fa grace. L'Eglife toujours attentive aux intérêts du falut de fes fideles, n'a pu avoir cette condefcendance meurtriere pour des Pafteurs criminels, intrus, fantaftiques; loups raviffans dans la bergerie, ils n'euffent point épargné le trou-

―――――――――――
(*b*) Ce premier Evêque de Jérufalem à fon avénement au fiége de cette Ville, avoit au moins reçu le baptême des autres Apôtres.

peau qui leur auroit été confié. Ils eussent travaillé par leur doctrine corrompue à attirer des disciples après eux.

Abraham fut le pere des Croyans qui étoient circoncis; Jesus-Christ l'est des fideles qui sont baptisés. Il est cette porte mystérieuse, par laquelle on entre dans le sacré Bercail; il connoît ses ouailles, & ses ouailles le connoissent. Je ne désespére pas de voir quelque jour, le pere des Sceptiques prétendus de notre siecle, renoncer de bonne foi, à tous ses doutes, & les condamner; il en reconnoîtra sans déguisement & sans respect humain, le vuide & la vanité; il publiera à la face de toute l'Europe chrétienne qu'il scandalise depuis si long-tems, qu'il s'étoit écarté par sentimens....., de la voie de la vérité pour courir dans les sentiers du mensonge; que la lumiere avoit lui dans les ténebres, & que les ténebres ne ne l'ont pas comprise; que Jesus-Christ étoit véritablement ce Messie prédit, mais que les siens ne l'ont pas connu;

qu'ils ont injuſtement eu recours aux moyens licites & illicites, pour juſtifier leur aveuglement à ce ſujet, & le faire paſſer, s'il eſt poſſible, de génération en génération.

Pluſieurs Savans, ſi l'on en croit l'Auteur du Dictionnaire Philoſophique, ont été ſurpris de ne voir dans l'Hiſtoire des Juifs par Joſeph, aucune trace de Jeſus-Chriſt. Par déférence pour ſes Lecteurs il ne les nomme pas; la liſte en eut été trop longue. Cet Ecrivain nous permettra de douter ici de cette ſurpriſe prétendue ; tous ces grands Hommes ne pouvoient ignorer les regles de la critique dans l'examen de l'Hiſtoire ancienne ; des raiſons de méchanceté, de haine, de vengeance, que ſai-je ? d'intérêt, d'orgueil, engagent un Hiſtorien à garder le ſilence ſur quelques faits hiſtoriques qui lui ſont déſavantageux. Cette infidélité n'eſt pas un de ces phénomenes extraordinaires qui doive étonner ; d'autres plus contemporains, & à tous égards moins ſuſ-

Ch. Chriſtianiſme.

peûts de tromperie, les raportent; ils méritent seuls notre confiance.

Flavien Joseph, qui a écrit l'Histoire de sa Nation, étoit Juif; il étoit né l'an trente-sept de Jesus-Christ, sous l'Empereur Caligula, & vivoit encore sous Domitien; il a pu commencer à écrire ses antiquités Judaïques vers l'an 80 ou 90 de notre Ere. M. Prideaux savant Anglois l'accuse, preuve en main, d'y avancer des faussetés visibles, & surtout dans l'onzieme Livre, où il le trouve souvent oposé à l'Ecriture, à l'Histoire, & même au bon sens. Ce Juif artificieux avoit hérité des sentimens de ses peres pour Jesus-Christ; il a bien pu dans le reste de son ouvrage, où il n'en dit pas le mot, n'être pas plus exact, ni plus raisonnable. (c)

(c) Ce qui est dit de Jesus-Christ, observe Baronius, dans plusieurs exemplaires des antiquités Judaïques de Joseph, est conforme au vrai manuscrit de cet Historien qu'on voyoit à Rome, dans la bibliothéque du Vatican, traduit du grec en hébreu. Ceux où le passage du Liv. 18. chap 6. ne se trouve pas, sont des exem-

Jean-Baptiste son précurseur, & ensuite son disciple, dont il raporte toute la bonté du cœur, de la doctrine & de la morale, (d) le publie par-tout l'Agneau de Dieu. Les Apôtres le confessent devant les Rois, les Princes & les Grands de la terre. Les Matthieu, les Marc, les Luc, les Jean ont écrit l'Histoire de sa naissance, de sa vie, de sa mort, de

plaires faux, fabriqués par les Juifs dont les Peres avoient arraché la feuille de l'original où ce passage se trouvoit. *In codice pervetusto, in quo Josephi historiæ è græco in hæbraïcum sermonem translatæ, antiquitus scriptæ sunt, cum Romæ ejus de Christo testimonium requireretur, per summam perfidorum impudentiam, Abrasum inventum fuit, adeo ut nulla ad excusandum scelus, posset afferri defensio, cum membrana ipsa id exclamare videretur.* Baronius ad an. chr. 34. n. 221.

Tournely, qui adopte ce sentiment de Baronius, remarque qu'il y a dans la bibliothéque de la Sorbonne un ancien exemplaire latin de l'Histoire de Joseph, où à la vérité le passage mentionné ne se trouve pas; mais on voit par le sujet des Chapitres dans lesquels il est parlé de Jesus-Christ, que la feuille manque où il a dû être raporté.

(d) Lib. 18. ch. 10.

sa résurrection, de ses aparitions différentes, de son ascension au Ciel. Ces saints Personnages nous ont transmis sans fiction, ce précieux dépôt de leur piété ; aucun intérêt humain ne pouvoit, au moins après la mort de Jesus-Christ, les porter à nous tromper. La fin tragique de tous pour sa défense, nous en est un garant sûr, & l'on pourroit délibérer encore sur l'autenticité des autorités !

Quatre, ou si l'on veut, plusieurs Anglois qui vivoient au tems de Charles premier, font l'histoire de leur Nation ; ceux qu'elle intéresse la transcrivent & la font passer manuscrite à la postérité. Un autre Anglois cent ans plus tard, écrit la même histoire ; il y suprime la fin tragique de Charles premier un de leurs Rois, qu'ils ont fait périr sur un échafaud, circonstanciée par les Historiens contemporains. Mil ou douze cens ans après on fait imprimer ces histoires ; elles sont entre les mains de tout le monde ; chacun les lit, & aperçoit le peu de convenance de ces Ecrivains sur ce fait de ce Roi malheureux ; auxquels doit-on ajouter foi ?

Quand on ne cherche pas la vérité dans la lecture de l'Histoire, mais les moyens seuls de la combattre ; l'esprit humain fécond en subterfuges, en trouve par-tout. On ne veut pas d'une Religion qui condamne des maximes favorables à des penchans chéris ; on s'efforce de faire passer pour un problême, les miracles, ou même l'existence de son Auteur. Les Romains ne parlent nulle part de Jesus-Christ ; on ne voit pas dans leurs fastes, qu'ils en aient jamais eu la moindre connoissance. Qui ne sait que les Romains au moins dans ces tems de leur libertinage effrené, étoient de mauvais Païens & de véritables Athées qui ne devoient guéres s'intéresser alors aux prodiges de la Judée, ni à celui qui les y opéroit ? Le Soleil éclipsé, la terre tremblante sous leurs pieds, pouvoient être à leurs yeux un jeu de la nature dont les effets extraordinaires se faisoient remarquer dans tous les êtres matériels. Leurs Philosophes d'ailleurs, à qui les grands raisonnemens ne manquoient pas, pouvoient leur en proposer pour anéantir en eux toute idée de miracle. Quoiqu'il en soit, Tibere a voulu élever à J. C. une statue au milieu de Rome; quand il eut vu ce qu'on lui en écrivoit de la Syrie palestine, remarque Tertulien dans son Apologétique contre les Nations, (*a*) il fut au Sénat, y confessa sa divinité. Elle n'y avoit pas été aprouvée; on refusa de la reconnoître. L'Empereur, malgré la contradiction de cette puissante assemblée, (*b*) persista dans ses religieux sentimens pour Jesus-Christ. Il menaça, même avec force, ceux de ses sujets qui, contre ses intentions, feroient désormais un crime aux Chré-

(*a*) l. y 6. édit. de Paris, de l'Imprimerie de Mathurin Dupuis, 1634.

(*b*) Ibid. *Vetus erat decretum, nequi Deus ab Imperatore consecraretur, nisi à Senatu probatus.*

tiens de leur créance. Tertulien, dont je viens déjà de raporter les paroles, dans un entretien polémique qu'il eut avec les Païens, Magistrats de Rome, leur parloit de l'Eclipse universelle arrivée à la mort de Jesus-Christ, comme d'un fait contre le cours de la nature, dont ils conservoient la tradition dans leurs archives : *Cum mundi casum relatum habetis in archivis vestris.* Et plus de deux cens ans auparavant, comme on peut le conjecturer, un Gouverneur de la Judée écrivit au Capitole la Lettre suivante dans le tems que la renommée de Jesus-Christ commençoit à se répandre dans le monde. Elle est traduite mot à mot, d'après un Ecrit autentique qu'on trouve dans la bibliothéque du Roi.

» Il y a de l'heure qu'il est en Judée,
» un homme d'une vertu singuliere qu'on
» apelle Jesus-Christ ; les Barbares le
» croient Prophete ; mais ses Sectateurs
» l'adorent comme étant descendu des
» Dieux immortels: il ressuscite les morts,

» & guérit toutes sortes de maladies par
» la parole ou par l'attouchement ; il est
» d'une taille grande & bien formée ; il
» a l'air doux & vénérable ; ses cheveux
» sont d'une couleur qu'on ne sauroit gué-
» re comparer ; ils tombent à boucles jus-
» qu'au dessous des oreilles, & se répan-
» dent sur ses épaules avec beaucoup de
» grace, partagés sur le sommet de la tê-
» te à la maniere des Nazaréens ; son
» front est uni & large, & ses joues ne
» sont marquées que d'une aimable rou-
» geur ; son nez & sa bouche sont formés
» avec une admirable cimétrie ; sa barbe
» est épaisse & d'une couleur qui répond à
» celle de ses cheveux, descendant un pou-
» ce au dessous du menton, & se divisant
» vers le milieu, fait à peu près la figu-
» re d'une fourche ; ses yeux sont bril-
» lans, clairs & serains ; il censure avec
» majesté, exhorte avec douceur ; soit
» qu'il parle ou qu'il agisse, il le fait avec
» élégance & avec gravité ; jamais on ne
» l'a vu rire, mais on l'a vu pleurer sou-
» vent ; il est fort tempéré, fort modeste
» &

» & fort sage; c'est un homme enfin qui, par son excellente beauté & ses divi- » nes perfections, surpasse les autres » hommes. »

La simplicité & la sublimité de ce portrait de Jesus-Christ fait par un Romain, en font estimer l'Auteur; ce n'est pas-là le ton d'un fourbe ou d'un enthousiaste; qu'eût pu faire de plus, pour mériter notre confiance, le Chrétien fidele ? Le prétendu Sceptique de nos jours cherchera dans son imagination mensongere, des motifs de défiance; il ne peut être donné qu'à lui de faire des recherches heureuses; il aime mieux s'en raporter à ses découvertes, & aux opinions vraies ou fausses des Auteurs critiques qu'il consulte.

Ces Savans trouvent encore quelques difficultés dans l'Histoire des Evangiles, ils remarquent que dans Saint Matthieu, Jesus-Christ dit aux Scribes & aux Pharisiens, que tout le sang innocent qui a été répandu sur la terre, doit retomber sur eux, depuis le sang d'Abel le

Juste jusqu'à Zacharie, fils de Barac; qu'ils ont tué entre le Temple & l'Autel.

Il n'y a point, disent-ils, dans l'Histoire des Hébreux, de Zacharie tué dans le Temple avant la venue du Messie, ni de son tems; mais on trouve dans l'Histoire du Siege de Jérusalem par Joseph, un Zacharie, fils de Barach, tué au milieu du Temple par la faction des Zélotes; delà ils soupçonnent que l'Evangile, selon S. Matthieu, a été écrit après la prise de Jérusalem, par Tite.

Ces Messieurs se sont aussi fort tourmentés sur la différence des deux Généalogies de Jesus-Christ. S. Matthieu donne pour pere à Joseph, Jacob; à Jacob, Mathan; à Mathan, Eléazar. S. Luc, au contraire, dit que Joseph étoit fils d'Héli; Héli, de Mataht; Mataht, de Levi; Lévi, de Janno. Ils ne veulent pas concilier les cinquante-six ancêtres que Luc donne à Jesus, depuis Abraham, avec les quarante-deux ancêtres différens que Matthieu lui donne depuis le même Abraham; & ils sont effarouchés que Matthieu, en parlant de quarante-deux générations, n'en raporte pourtant que quarante & une.

Ils forment encore quelques difficultés sur ce que Jesus n'est point Fils de Joseph, mais de Marie.

On ne voit pas souvent, parce qu'on ferme les yeux à la lumiere; on trouve des ténebres en plein midi; on rencontre par-tout aujourd'hui de ces aveugles. Il a échapé à ces Savans, qu'il est fait mention au ch. 24. du 2. Lib. des Paralippomenes, d'un Zacharie, fils de Joïada, tué dans le vestibule de la maison du Seigneur, ce qui est le même qu'entre le Temple & l'Autel; (c) &

(c) Le Temple de Jérusalem avoit un portique suivi de trois sales; l'étranger pouvoit entrer dans la premiere, les seuls Israélites entroient dans la seconde; & les Prêtres s'assembloient dans la troisieme, où il y avoit un Autel dont aprochoient ceux qui devoient immoler des victimes. Les Lieux saints, Tabernacles ou Temples couverts d'un voile, venoient immédiatement après, dans lesquels étoient le Chandelier, la Table,

que S. Jérôme qui vivoit au quatrieme siecle assure, *Lib. 4. ch. 23. in Matth.* que l'exemplaire des Nazaréens, portoit ce même Zacharie. Le fils de Barachie qui lui a été substitué, est une erreur de l'Editeur, ou une faute d'impression qui n'a pas été corrigée. *

les Pains qu'on exposoit, un Encensoir d'or, l'Arche d'alliance toute couverte d'or, une Urne d'or pleine de manne, la Verge d'Aaron qui avoit fleuri, & les deux Tables de l'alliance.

* Ceux des Commentateurs modernes qui prétendent que le Zacharie, fils de Barachie, raporté chez S. Matthieu, est le vrai Zacharie dont Jesus-Christ a parlé, croient que les exemplaires dont parle S. Jérôme, avoient été corrigés mal-à-propos ; ils disent que le Fils de Dieu parle ici en Prophete ; qu'il met le passé pour le futur ; qu'il prédit la mort d'un homme qui, selon Joseph, * étoit l'ennemi irréconciliable du vice, qui le combattoit par-tout avec liberté ; que les Zélotes irrités de cette sagesse, devoient massacrer au milieu du Temple.

L. 5. ch. 1. de Bello.

Il y a une circonstance qui donne un grand poids à ce sentiment. Jesus-Christ avant de dire aux Scribes & aux Pharisiens, afin que tout le sang innocent, &c..... les avertit qu'il va leur envoyer des Sages qu'ils tueront.

Le public prend beaucoup de part aux tourmens infructueux que tous ces hommes érudites ont bien voulu se donner, pour découvrir les raisons de la différence des deux généalogies de Jesus-Christ. Un travail aussi opiniâtre sans succès, est bien digne de compassion ; je ne leur refuse pas la mienne, malgré mon étonnement de voir que de vieilles difficultés, des difficultés usées, proposées depuis plus de quatorze siecles, & toujours détruites, aient pu leur causer quelque peine, les faire suer peut-être sang & eau, passer les jours & les nuits à la poursuite de leur solution.

Celse, Porphyre & Julien l'Apostat qui les ont imaginées, ont été réfutés de la maniere qui suit : Tous ceux que S. Matthieu & S. Luc nomment, sont les enfans de David ; chacun de ces deux Historiens a fait la généalogie de Jesus-Christ, par des enfans différens de ce Roi : Le premier, fait descendre Jesus-Christ de David par Salomon.... & Jacob. Le second, l'y fait remonter par

Héli.... & Nathan; l'un suit l'ordre naturel & maternel; l'autre le paternel & légal, raporté dans les Tables publiques. Matath qui avoit épousé Jesca, engendra Héli : Math meurt, Jesca épouse Mathan, qui engendra Jacob. Héli, mari de sainte Anne, meurt sans enfans mâles; Jacob épouse la Veuve, il engendra son fils Joseph selon la nature, & fils d'Héli selon la loi de la suscitation. Le même Juif, selon qu'il étoit prescrit dans le Deutéronome, chapitre vingt-cinquieme, au parent le plus proche du mari mort sans enfans, d'épouser la veuve, pouvoit être réputé fils naturel de l'un, & fils légal de l'autre. Ces deux Evangélistes ont fait leur généalogie selon ces deux manieres différentes; peut-être ne vouloient-ils pas se répéter, & prétendoient-ils par-là rendre la lignée ou filiation de Jesus-Christ, du Roi David plus constante.

Il y eut de suite un Joachim dit Jéchonias, & un Jéchonias dit Joachim. L'Evangéliste omet le dernier comme une chose très-connue quand il fait le dénombrement des générations : il supose le Lecteur au fait pour supléer au recit; il le compte quand il en fait le calcul. Josias engendra Joachim dit Jéchonias. Joachim engendra Jéchonias dit Joachim, & ses freres Joachan & Mathaniam. Jéchonias engendra Salathiel....... Mathan engendra Jacob. Jacob engendra Joseph époux de Marie, quoique leur mariage, comme l'observe l'Ecriture, ne dût avoir d'autre effet que celui des fiançailles, pere putatif de Jesus-Christ, selon l'usage constant parmi les Hébreux, dont il y a beaucoup d'exemple (ƒ) & chez toutes les Nations.

Quand ce divin Sauveur fit des miracles, qu'il ressuscita les morts, qu'il guérit les malades, qu'il redressa les boiteux, qu'il fit voir les aveugles, entendre les sourds, parler les muets; ce ne fut pas, disent les Peres, pour faire des miracles seulement qu'il fit

(ƒ) Hincmart.

toutes ces choses. Il vouloit que ce qu'il faisoit corporellement, fut aussi spirituellement entendu. C'est dans ce sens que S. Augustin & S. Hilaire ont parlé des miracles du figuier maudit, des démons ou esprits impurs envoyés dans les corps des cochons, de l'eau changée en vin aux noces de Cana, premier miracle de Jesus qui manifesta sa gloire, & engagea les Disciples à croire en lui. Les faits merveilleux instruisent souvent plus efficacement que les paroles.

Il n'étoit pas nécessaire après cela, qu'il leur révéla le mystere de son Incarnation ; ils ont eu tant d'autres occasions de s'en convaincre, & ils pouvoient d'ailleurs l'aprendre de Marie, mere de Jesus, ou de sa cousine Elisabeth : ni qu'il dit aux Juifs qu'il étoit né d'une Vierge, ils avoient les Ecritures qui l'annonçoient. (g) Mais il jugea à propos de parler des sept Sacremens, d'aprendre à toutes les Nations qu'il étoit Fils de Dieu, éternellement engen-

(g) Isaï. ch. 7. v. 14.

dré, consubstantiel à Dieu, que le saint Esprit procédoit du Pere & du Fils, que sa Personne étoit composée de deux natures & de deux volontés.

M...... qui n'est peut être retourné qu'une seule fois à l'Eglise depuis le jour de son baptême, a toujours ignoré le Catéchisme de son Diocese; il a étudié les Catéchismes Chinois, Japonnois; semblables à ceux qui savent l'histoire de tous les Royaumes étrangers, & qui n'ont jamais lu celle de leur Pays; il a négligé d'aprendre celui des Ecoles chrétiennes. Les Catholiques d'après le Concile de Trente, entendent par Sacrement un signe visible d'une Grace invisible institué par Jesus-Christ pour notre sanctification. Il a institué 1°. celui du Baptême, par ces paroles adressées à un nommé Nicodeme Sénateur Juif : En vérité, en vérité je vous dis que si un homme ne renaît de l'Eau & de l'Esprit, il ne peut entrer dans le Royaume de Dieu : (*a*) 2°. celui de la Confirmation

(*a*) S. Jean, ch. 3.

par l'impofition des mains, Rite faint que Pierre & Jean fuivirent à l'égard de ceux que Philippe avoit baptifé. (*b*) Celui de la Pénitence, quand après avoir fouflé fur les Difciples affemblés en un lieu, il leur dit, recevez le S. Efprit ; les péchés de ceux à qui vous les remettrez, feront remis ; & ils feront retenus à ceux à qui vous les retiendrez. (*c*) 4°. Celui de l'Euchariftie, quand pendant le fouper des Difciples, il prit du pain & l'ayant béni, il le rompit & leur donna en difant, prenez & mangez ; ceci eft mon Corps ; & prenant le Calice il rendit graces, & il leur donna en difant ; buvez-en tous, car ceci eft mon Sang. (*d*) 5°. Celui de l'Extrême-Onction, par cette cérémonie religieufe prefcrite en fon nom, par S. Jacques à fes freres, quelqu'un parmi vous eft-il malade, qu'il apelle les Prêtres de l'Eglife, qu'ils prient fur lui, l'oignant d'huile au nom du Seigneur, &

(*b*) Act. ch. 8.
(*c*) S. Jean, ch. 20.
(*d*) S. Matth. ch. 26.

la priere de la foi sauvera le malade, le Seigneur le soulagera ; & s'il a commis des péchés, ils lui seront remis. (*e*) 6°. Celui de l'Ordre *, par ce Rite sacré que Saint Paul rapelle à son disciple Timothée, quand il l'avertit de ne pas négliger la Grace qui est en lui, qui lui a été donnée suivant une révélation prophétique, par l'imposition des mains des Prêtres. (*f*) 7°. Celui du Mariage *, quand il sanctifia par sa divine présence les noces de Cana en Galilée, qu'il y bénit le Contrat mutuel

(*e*) Epist. de S. Jacques, ch. 5.

* Quand il prit le Pain, le rompit, le donna à ses Disciples, & leur dit : Ceci est mon Corps, qui est donné pour vous ; faites ceci en mémoire de moi. *S. Luc*, ch. 26.

(*f*) Epist. de S. Paul à Timoth. ch. 4.

* Quand les Pharisiens lui demandèrent pour le tenter, s'il étoit permis à un homme de quitter sa femme pour quelque chose que ce soit ; il leur répondit que l'homme ne sépareroit pas ce que Dieu avoit fait, qu'il s'attacheroit à sa femme, & qu'ils ne feroient qu'une seule chair. *S. Matth.* ch. 19.

des Conjoints, & répandit sur eux l'onction de sa Grace & de son Esprit. (g)

Le Tout-Puissant qui savoit que malgré tous ces signalés & divins bienfaits, il y auroit des hommes assez aveugles pour douter que le Christ fût véritablement Fils de Dieu ; celui qu'il avoit envoyé sur la terre pour être Médiateur entre lui & son Peuple, fait en sa faveur un prodige nouveau en presence de Moïse, Elie, Pierre, Jacques & Jean ; il fait éclater sur lui un rayon de sa gloire. Déjà Jesus-Christ est transfiguré, son visage brille comme le Soleil, ses vêtemens sont blancs comme la neige; Pierre est enchanté de ce qu'il voit, il en souhaite la durée ; il demande la permission au Sauveur de bâtir trois tentes dans cet endroit, une pour lui, une pour Moïse, & une autre pour Elie. Il parloit encore, le Ciel s'ouvre, une nuée lumineuse descend sur la mon-

(g) S. Jean, ch. 2.

tagne ; Jesus-Christ & ceux qui sont présens, en sont couverts ; il en sort une voix qui est distinctement entendue de tous. Le Pere Eternel le déclare son Fils bien-aimé, dans lequel il a mis toute son affection, il faut l'écouter. (a) Ecoutons-le donc devant les Sénateurs, les Princes des Prêtres, les Scribes, tous Juifs, assurer qu'il est véritablement Fils de Dieu ; (b) aplaudir au témoignage de Simon Barjona qui le publie à haute voix, Fils du Dieu vivant. Les choses de Dieu sont inconnues au sang & à la chair ; cet Apôtre est heureux, le Pere céleste seul lui a révélé ce qu'il confesse : (c) Ecoutons-le nous enseigner en la personne des Juifs, que personne n'a vu le Pere que celui qui est de Dieu ; (d) nous rapeller par son Apôtre ce que David, inspiré d'en haut, dit de lui au second Chapitre des

---

(a) S. Matth. ch. 17.
(b) S. Luc. ch. 22.
(c) S. Matth. ch. 16.
(d) S. Jean, ch. 6.

Pseaumes : Vous êtes mon Fils, je vous ai engendré aujourd'hui, ou ce qui est le même, je vous engendre toujours ; (e) nous retracer par ses deux Evangélistes Matthieu & Jean, l'endroit de la Prophétie de Michée, qui parle de son éternelle génération : Et toi Bethléem, terre de Juda, tu n'es pas la derniere d'entre les principales Villes de Juda, car c'est de toi que sortira le Chef qui conduira mon Peuple d'Israël, qui fut au commencement, dès les jours de l'Eternité ; (f) répondre aux Juifs qui le pressent de leur dire clairement s'il est le Christ : Mon Pere & moi sommes une même chose, mon Pere est en moi, & moi dans mon Pere ; (g) écoutons-le com-

(e) Epit. de S. Paul aux Hébreux, ch. 1.
(f) S. Matth. ch. 2. S. Jean, ch. 7.
(g) Ces deux endroits du dixieme Chapitre de S. Jean, ne peuvent s'entendre que d'une unité de nature, & non-seulement de volonté. Les Juifs eux-mêmes les ont entendus ainsi ; J. C. ne les en reprend pas, il les confirme au contraire par le dernier, dans leurs sentimens. Voyez le Chapitre susdit, depuis le verset vingt-quatrieme jusqu'au trente-huitieme inclusivement.

mander à ses Apôtres qu'il envoie enseigner toutes les Nations, de les baptiser au nom du Pere, & du Fils, & du S. Esprit, (*h*) nous aprendre par la bouche de Jean Evangéliste & son Apôtre; qu'il y en a trois qui rendent témoignage dans le Ciel, le Pere, le Verbe, & le Saint Esprit, & que ces trois sont une même chose; (*i*) que le Verbe étoit au commencement, qu'il étoit avec Dieu, qu'il étoit Dieu, qu'il s'est fait chair; (*l*) partout, je le répete, par-tout Jesus-Christ qui s'est dit Fils de Dieu, se dit aussi Fils de l'homme. Pour ce qui est du Fils de l'homme, il s'en va; (*m*) malheur à l'homme par qui le Fils de l'Homme sera trahi; (*n*) désormais le Fils de l'homme sera assis à la droite de la puissance de Dieu. (*o*) Personne n'a été au Ciel

Et non aux noms.

(*h*) S. Matth. ch. 28.
(*i*) 1. Epit. de S. Jean, ch. 5.
(*l*) S. Jean, ch. 1.
(*m*) S. Luc, ch. 22.
(*n*) S. Marc, ch. 14.
(*o*) S. Luc, ch. 22.

pour en découvrir les secrets aux hommes, que celui qui en est descendu en se faisant homme; (p) tantôt il soumet sa volonté à celle de son Pere, (q) tantôt il est descendu du Ciel, non pour faire sa volonté, mais pour faire la volonté de celui qui l'a envoyé : (r) Il envoie de même ses Apôtres; mais avant de les envoyer, il les avertit qu'il est expédient qu'il s'en aille, afin qu'ils reçoivent l'Esprit Consolateur, cet Esprit de vérité qui, lorsqu'il sera venu, leur enseignera celles qu'ils doivent porter à tous les Peuples; il ne parlera pas de lui-même, mais il dira ce qu'il aura entendu, il le glorifiera de ce qu'il aura reçu de lui; tout ce qu'a son pere est à lui, c'est pourquoi il leur a dit qu'il recevra de ce qui est à lui, la plénitude de la divinité & de la sagesse, procédant de lui comme de son Pere. (s)

Ce

(p) S. Jean, ch. 3.
(q) S. Luc, ch. 22.
(r) S. Jean, ch. 6.
(s) S. Jean, ch. 16.

Ce dogme de l'Eglise Latine qui, selon Bellarmin, Pétau, Garnier, trouva au cinquieme siecle, dans Théodoret son premier ennemi, a été la cause de la célebre dispute qui s'est élevée entre les Latins & les Grecs, & qui a fini en 1437, au Concile de Florence, à l'instigation de Marc Ephésien, par le Schisme de ces derniers. Théodoret enfanta l'erreur de la Procession du S. Esprit, du Pere seul ; Marc défendit cette erreur, & porta les Grecs à la suivre. Sans Marc les Latins & les Grecs étoient d'accord au Concile susdit. La paix étoit faite : sans Théodoret cette guerre entre Eglise & Eglise, ne se fut peut-être jamais allumée. Ces deux Chefs du Schisme de l'Eglise d'Orient, & leurs Sectaires ont été dans tous les tems condamnés par l'Eglise Catholique, & réfutés avec force par les Peres Grecs même, S. Athanase, S. Grégoire Nisséne, S. Basile, S. Epiphane, S. Cyrille Alexandrin ; & par les Latins, Tertullien, S. Hilaire, S. Ambroise, S. Augustin, S. Léon, S. Fulgence,

D

Je ne raporterai pas ici au moins dans tout son entier, la maniere dont cette réfutation authentique s'est faite, elle n'apartient pas à mon sujet; le peu que j'en dirai, je le mets en note pour les Savans. (*t*)

(*t*) *Sanctus Cyrillus.* Lib. 14. *Thesauri, sic ait. Cum ergo Spiritus Sanctus in nobis existens, conformes nos efficiat Deo, procedat autem ex Patre & Filio; perspicuum est divinæ ipsum esse substantiæ. Commentarii in Joan.* Lib. II. cap. 33. *nam sicut Filii Spiritus est naturaliter in ipso manens, & per ipsum procedens, sicut certe Patris quoque Spiritus est.* Lib. 12. cap. 56. *unde nobis firmiter credendum est non esse alienum à Filio Spiritum Sanctum, nam cum ei consubstantialis sit, ex Patre per ipsum procedit. Sanctus Augustinus* Tract. 99. in Joan. *Sic ait. Ab illo igitur audivit, audit, & audiet, à quo est, ab illo est, à quo procedit, & prius audire hoc est illi quod scire, & scire illi hoc est quod esse.* Lib. 4. de Trinitate. cap. 20. *nec possumus dicere quod Spiritus Sanctus & à Filio non procedat, neque enim frustrà idem Spiritus & Patris & Filii Spiritus dicitur.* Tract. 99. in Joan. *Cur ergo non credamus quod etiam de Filio procedat Spiritus, cum Filii quoque ipse sit sanctus Spiritus; si enim ab eo non procederet, non post resurrectionem se repræsentans discipulis suis insufflans diceret, accipite Spiritum sanctum; quid enim aliud significavit illa insufflatio, nisi quod procedat Spiritus sanctus & de ipso.*

Ces Messieurs qui ont déjà pû remarquer le fameux Contradicteur proposer ici des questions de mot, doivent être surpris de le voir les continuer : il n'a vu dans aucun des Testamens ancien & nouveau, celui de consubstantiel avec Dieu, attribué à Jesus-Christ. L'Apôtre, à l'exemple de son Maître, qui n'en parla jamais à ses contemporains même, ne révéle pas dans ses Epitres, ce Mystere ineffable. Dans son Epitre aux Romains, ch. 5. 8. 16. dans sa premiere aux Corinthiens, ch. 3. 15. il paroît n'en parler que comme d'un homme. Pitoyable chicaneur ! Tous les Catholiques croient que Jesus-Christ s'est incarné ; il n'en est aucun qui ne confesse qu'il a daigné se faire homme, afin de se rendre victime pour les péchés de tous. S. Paul qui le confesse aussi dans les Epitres mentionnées, ne le dit-il qu'un homme par-tout ailleurs ? Dans le second Chapitre de celle aux Philippiens que vous aportez en preuve pour combattre sa divinité, il lui attribue la Nature divine, & la Nature humaine; il y expose à ces Peuples orgueilleux dont il a entrepris la réforme, la conduite de Jesus-Christ, qui ayant la forme & la nature de Dieu, n'a point cru que ce fut pour lui une usurpation d'être égal à Dieu; mais il s'est anéanti lui-même en prenant la forme & la nature de serviteur, en se rendant semblable aux hommes, & étant reconnu homme par tout ce qu'a paru de lui au dehors. Si Saint Paul ne reconnoissoit-là Jesus-Christ que comme un homme, & non comme Dieu tout ensemble, qu'auroit de si fort, de si puissant, de si extraordinaire, l'exemple de son humilité ou anéantissement qu'il y propose pour confondre la vaine gloire des Philippiens, & les porter à croire les autres au-dessus d'eux? Cet Apôtre publie que J. C. est Dieu dans plusieurs autres pages de ses Epitres. Dans le second Chapitre de celle aux Colossiens, il confesse que toute la plénitude la divinité habite en lui corporellement, c'est-à-dire, substantiellement, &

non en figure, ni seulement par une inhabitation de Grace. Dans le neuvieme Chapitre de celle aux Romains, il le dit Dieu élevé au-dessus de tout, & béni dans tous les siecles. Dans le premier Chapitre de celle aux Hébreux, il fait remarquer aux Juifs que quand il est question des Anges dans l'Ecriture, elle les apelle les Ambassadeurs de Dieu; & que quand elle y parle du Fils, elle dit votre trône, ô Dieu! sera éternel. (*a*) L'homme de bonne foi en

―――――――――――――――

(*a*) Il y en a qui ont douté, observe le Savant Monsieur de Sacy dans sa Préface de l'Epitre de S. Paul aux Hébreux, que cette Epitre fut de Saint Paul, & l'ont attribuée, ou à Saint Barnabé, ou à Saint Luc, ou à S. Clément. Les Peres Grecs néanmoins & les Latins, si on en excepte quelques-uns, la croient de ce S. Apôtre, & les principaux même de ceux qui doutent qu'elle soit de lui, assurent que l'esprit, la doctrine, & tous les sens sont entiérement de S. Paul, & qu'il en est le véritable Auteur; mais ils croient qu'il s'est servi de quelqu'un, comme peut-être de S. Luc, pour le style qui paroît conforme à celui des Actes. Saint Paul n'a point mis son nom à la tête de

conviendra : Saint Paul ne pouvoit rien dire de plus pour nous enseigner la consubstantialité du Verbe, l'identité de nature de Jesus-Christ avec Dieu. Dieu, par conséquent de la substance du Pere, Dieu de Dieu, Lumiere de la Lumiere, vrai Dieu du vrai Dieu. L'Eglise qui est l'organe du Saint Esprit, le chante de même.

Toute l'antiquité avec elle, a toujours tenu pour certain l'établissement du Siege de Rome par S. Pierre, sept ans après celui d'Antioche. Les Papias, disciple de S. Jean l'Evangéliste, Clément, Alexandrin, Origene, Eusebe, S. Athanase, S. Irenée, Tertullien, Saint Cyprien, Lactance, S. Ambroise, nous

---

cette Epitre, ou parce qu'il savoit qu'il étoit odieux à ceux de sa Nation, ou parce qu'il se déclare lui-même plutôt l'Apôtre des Gentils que des Juifs, ou parce qu'il a fait cet Ecrit plutôt comme un Livre qu'il adresse aux Hébreux, que comme une Lettre, ayant dit pour ce sujet à la fin, qu'il leur a écrit en peu de mots, quoique ce qu'il leur envoie, étant court pour un Livre, soit long pour une Lettre.

en sont des garants sûrs. Les Protestans au seizieme siecle, sont les premiers qui ont osé le contester. M.... qui en combat la probabilité même, qui tire d'après eux ses objections du silence de S. Luc sur ce sujet dans les Actes des Apôtres, n'est pas mieux fondé.

S. Pierre, selon les Chronologistes les plus exacts, & les plus habiles Ecrivains de l'Histoire Ecclésiastique, alla l'an 35 de Jesus-Christ, avec S. Jean en Samarie, il annonça l'Evangile aux Peuples de cette Province, & revint à Jérusalem, où S. Paul l'année 39, trois ans après sa conversion, vint le voir. L'Eglise jouissoit alors d'une pleine paix. Cet Apôtre saisit ce tems favorable pour visiter, comme l'observe S. Luc, tous les fideles que les Disciples dispersés avoient gagné à Jesus-Christ : Il arrive à Antioche, il établit dans cette Capitale de l'Orient, au raport des Auteurs anciens, sa Chaire Patriarchale ; ses ordres donnés pour le gouvernement de cette Eglise, il retourna en Judée, y visita en 40 & 41, les Villes de Lidde, de Joppé, de Césarée, & le Centenier Corneille converti, il partit en 42 pour Jérusalem. S. Barnabé & S. Paul y étoient, il les envoya à Antioche pour y continuer l'œuvre de Dieu; ils s'en acquittérent avec succès; les Fideles s'unirent, & prirent en 43 le nom de Chrétien. La famine en 44 étoit universelle en Judée : ces deux Apôtres portérent à Jérusalem les aumônes qu'ils avoient recueillies, pour le soulagement de leurs freres de ce Royaume. Ils ignoroient les dispositions furieuses d'Agrippa surnommé Hérode, contre la Religion chrétienne & contre ceux qui la prêchoient. Quelque tems avant la fête de Parthes, peu de jours après leur arrivée, ce Roi impie fit trancher la tête à Jacques frere de Jean, & emprisonner Saint Pierre : son heure n'étoit pas encore venue ; les Puissances des ténebres ne peuvent rien sur les Elus de Dieu, quand il veille à leur conſervation. Un Ange paroît dans la priſon, une lumiere éclatante en éclaire les ténebres profondes ; il éveille Saint Pierre, ſes chaînes tombent ; il lui dit de le ſuivre, ils paſſent toutes les gardes ſans en être aperçu ; la porte de fer s'ouvre, il le conduit dans la Ville où il reſte peu de tems caché : Quand il le peut, ſans craindre les recherches d'Hérode, il part pour Céſarée, ſe rend par Antioche dans l'Aſie mineure, établit des Egliſes dans la Cappadoce, la Galatie, la Bithinie, s'embarque pour Rome, ſelon l'ordre qu'il en avoit reçu du S. Eſprit. Il s'y rendit cette année 44, la troiſieme de l'empire de Claude ; il y annonce l'Evangile aux Juifs & aux Gentils. Quand il voit que le nombre des convertis à la Foi chrétienne eſt aſſez grand pour fonder une Egliſe, il y établit l'année ſuivante, qui fut la quarante-cinquieme de Jeſus-Chriſt ; la Chaire Pontificale, laiſſant celle d'Antioche à Evodius. Il fut obligé d'en ſortir en 51. L'Empereur donna un Edit qui bannissoit tous les Juifs de Rome ; ce fâcheux contre-tems engagea Saint Pierre à retourner en Asie. Quelquetems après son arrivée à Antioche, il eut un grand démêlé avec Saint Paul ; il en partit pour le Concile qui se tint cette même année à Jérusalem. Cela fini, il porta l'Evangile aux Nations les plus éloignées même de l'Occident; quelques-uns ont écrit qu'il étoit allé jusqu'en Angleterre. Quoiqu'il en soit, quand Saint Paul écrit l'an 58 de Corinthe aux Romains, une fort belle Epitre où il leur dit que leur Foi est annoncée par-tout le monde, & que l'année suivante il est mené prisonnier à Rome où il demeura jusqu'en 61, & où il fut consolé par la rencontre de ces mêmes Chrétiens qui furent au-devant de lui ; Saint Pierre n'y étoit pas encore retourné ; ainsi l'on ne peut rien conclure de son silence, sur le voyage & la résidence de ce Saint Apôtre à Rome, ni de celui de Saint Luc dans les Actes qui ne parle pas non plus des voyages de S. Paul en Arabie, en Galatie, de son retour à Damas, ensuite à Jérusalem; & qui a omis, comme l'observe Saint Jérôme, bien des choses que cet Apôtre a souffertes.

Une tradition de plus de quinze siecles de faits constamment & généralement reçus, fera toujours preuve incontestable parmi les hommes de bonne foi. Il est évident que la passion seule peut porter à la combattre; aussi le partial Critique ne paroît pas connoître ces motifs-là; accoutumé dès son adolescence même (*a*) à contredire tout ce qui lui semble lié aux intérêts de la Religion Chrétienne, il affecte de ne rien croire de ce qu'elle professe, ou d'affirmer vrai ce qui lui auroit toujours paru apocryphe. Il ne craint pas d'assurer que Sainte Helene, mere de Constantin, fut jadis la concubine de Con-

---

(*a*) Le fameux Pere Leger Professeur de Réthorique au Collége de Louis le Grand à Paris, prédit à M......, son Ecolier alors, qu'il seroit un jour le fleau de la Religion.

stance Chlore. Fait qui, si l'on en excepte Béde, & Julien l'Apostat qui le reprocha malicieusement & calomnieusement à Constantin, se trouve désavoué par-tout.

Les reproches offensans & téméraires, & les calomnies secretes ou publiques sont les armes ordinaires des méchans ; la vertu la plus pure ne peut échaper à leurs poursuites. Les Histoires anciennes & modernes sont remplies de ces monstrueux excès. Valere Constance fut mari de Flavie-Julie Helene, il l'épousa fort jeune, au raport de Nicephore, des Grecs, de Morin, de Baronius, de Godeau, &c. lorsque passant par le Bourg de Drépani, il alloit en ambassade chez les Perses ; Constantin n'acquit de ce premier mariage. Des raisons de politique, d'intérêt, d'ambition portérent Constance en 291, non à renvoyer Helene, mais à la répudier, pour s'unir à Theodore, belle-fille de Maximien Hercule, qui l'adopta & l'associa à l'Empire. Constantin devenu Empereur en 306, honora beaucoup fa vertueufe & pieufe mere, la fit apeller Augufte, Impératrice dans fa Cour, dans fes Armées, & voulut qu'elle difpofât de l'argent de fes épargnes jufqu'à fa mort, qui arriva en 327 ; plein de refpect pour la mémoire de ceux dont il avoit reçu le jour, le fouvenir de fes parens lui fut toujours flatteur ; il en entendit parler dans tous les tems avec un nouveau plaifir ; & l'Orateur qui lui fit un compliment où entr'autres chofes agréables, il lui rapelloit la vertu de Conftance dans fon mariage prématuré avec Helene, étoit certainement bien inftruit de la notoriété inconteftable de leurs engagemens légitimes, autrement ç'eût été chercher à infulter & à mortifier l'Empereur ; ce qui répugne : j'en raporterai ici un fragment dans la langue qu'on le voit dans l'Original : Il fuffira pour faire connoître au Lecteur combien je fuis fondé à m'infcrire ici en faux contre les impoftures odieufes de M......

Quo enim magis Patris continentiam æquare potuisti, quam quod te ab ipso fine pueritiæ illicò matrimonii legibus tradidisti, ut primo ingressu adolescentiæ formares animum maritalem . . . . . . menti præsaga, omnibus te verecundiæ observationibus induebas, talem posteà ducturus uxorem.

Ch. Confession. Ce ne sont pas-là, je dois vous en prévenir, vous qui croyez tous les jours cet Auteur sur sa parole, les seules faussetés qu'il écrit; il en hasarde bien d'autres que je vais dévoiler en suivant, autant que je le pourrai, leur ordre alphabétique.

Il est faux que les Chrétiens aient adopté la Confession dans les premiers siecles, ainsi qu'ils ont pris peu à peu les Rites de l'antiquité; & que les Abbés qui commencerent au septieme siecle, à exiger que leurs Moines vinssent deux fois par an leur accuser leurs fautes, aient été l'occasion, dans ces tems-là, de l'établissement de la Confession secrete qu'un homme fait à un autre homme.

Le Catéchiste Génevois n'a jamais ouvert assurément le Livre des Evanvangiles ; ou s'il l'a lu, ce ne fut jamais pour s'y instruire sincérement des vérités qu'il renferme. Le précepte de la Confession Sacramentelle est aussi ancien que la Religion Chrétienne ; l'Auteur de cette Religion l'a institué, comme je l'ai dit ailleurs, le lendemain de sa Résurrection glorieuse. Les Apôtres l'ont reçu immédiatement de lui ; ils nous l'ont transmis avec fidélité, & nous le pratiquons, ou en exerçons par succession, tous les jours le ministére à leur exemple. Sur le soir du premier jour de la Semaine, les Disciples étant assemblés dans un lieu dont les portes étoient fermées, Jesus vint, se tint au milieu d'eux, leur montra son côté & ses mains, pour les assurer de son humanité, leur donna deux fois la paix, souffla sur eux, & leur dit, recevez le S. Esprit; les péchés seront remis à ceux à qui vous les remettrez ; & ils seront retenus à ceux à qui vous les retiendrez. Je demande aux Partisans de la confession faite à Dieu seul, de la confession exprimée par ces seules paroles, *j'ai péché*, s'il n'est question là que de cette confession intérieure, ou vocale même adressée à la Divinité dans son particulier ? Si le pouvoir de remettre ou de ne pas remettre les fautes, ne supose pas la connoissance de la nature, de l'espece, de la qualité, du nombre de ces fautes ? & cette connoissance, l'accusation avant tout, publique ou secrete faite au Ministre revêtu du pouvoir d'absoudre ou de ne pas absoudre ? Les anciens Peres Grecs & Latins ont entendu de même ce passage du vingtieme Chapitre de S. Jean : ils en ont tous en leur tems suivi l'esprit. * La seconde Epitre de S. Clément aux Corinthiens ; celle de Denis l'Aréopagiste au Moine Démophile ; le premier Livre de S. Irénée contre les hérésies ; le Livre de la pénitence reconnu catholique de Tertullien ; * le Livre de ceux qui sont tombés de S. Cyprien. La seconde

* Peres du premier & du deuxieme siecle.

* Peres du troisieme siecle.

de Homélie, d'Origene sur le Lévitique ; le sixieme Livre de l'Histoire Ecclésiastique d'Eusebe Césarée ; le quatrieme Livre des Institutions de Lactance ; le Commentaire sur S. Matthieu de S. Hilaire Evêque de Pavie ; l'Epitre de S. Basile à Amphiloche ; l'Epitre canonique de S. Grégoire de Nisséne à Létoius, en font foi : * Je ne parle pas de la Lettre d'Innocent premier à Décentius ; du troisieme Livre du Commentaire de S. Jérôme sur le Chapitre sixieme de S. Matthieu ; des Homélies vingt-septieme & quarante-neuvieme de S. Augustin ; de l'Epitre quatre-vingt de S. Léon le Grand ; de l'Homélie sur la femme Samaritaine de S. Chrysostome *. Je raporterai seulement pour terminer la preuve de la pratique constante de l'Eglise, depuis le second jusqu'au septieme siecle, au sujet de la Confession sacramentelle & auriculaire, le témoignage de S. Grégoire le Grand qui, dans son Homélie vingt-sixieme sur le Chapitre vingtieme de S. Jean, dit que

* Peres du quatrieme siecle.

* Peres du cinquieme siecle.

* Ce Pere est du sixieme siecle.

le Prêtre doit en vertu de son autorité pastorale, dégager de leurs liens ceux qu'il connoît vivifiés par la Grace de celui dont il a reçu son autorité ; & que cette vivification s'aperçoit par la confession des Pénitens qui doit précéder l'absolution de leurs péchés. *Intuendum est quod illos nos debemus per Pastoralem autoritatem solvere quos autorem nostrum cognoscimus per suscitantem gratiam vivificare ; quæ nimirum vivificatio ante operationem rectitudinis in ipsa jam cognoscitur confessione peccati.*

Il faut bien peu respecter sa Nation pour enseigner sous ses yeux des mensonges aussi grossiers. On ne voit pas ce qui peut autoriser leur Auteur à les écrire ; son ton affirmatif, dogmatique même en les débitant; ton qu'il a pris des ouvrages de Bayle, & que Jean-Jacques Rousseau, dans son premier Livre de l'Emile, lui reproche & à ses disciples; ce ton, dis-je, peut bien faire quelques dupes volontaires ; l'illusion ne sera jamais générale. Un très-grand nombre de François fidèles, instruits de bonne heure de l'époque du précepte de la Confession sacramentelle, l'est aussi de celle des enseignemens de la vérité d'un enfer.

Les Persans, selon M..., les Chaldéens, les Egyptiens, les Grecs imaginerent des punitions après la vie. Les Juifs, de tous les Peuples anciens que nous connoissons, furent les seuls qui ne reconnurent que des châtimens temporels. Les Pharisiens & les Esséniens, tous Juifs, admirent, long-tems après, la créance d'un enfer à leur mode ; ce dogme avoit déjà passé des Grecs aux Romains, & fut adopté par les Chrétiens.

Ch. Enfer.

Les punitions après la vie que la politique put bien faire imaginer chez quelques Nations policées, furent consacrées par la Religion seule chez les Juifs & chez les Chrétiens. Les excès du vicieux dont les crimes commis dans les ténebres troubloient la société, & échapoient à la sévérité des Loix hu-

E 2

maines, n'étoient pas les seuls maux qui résultoient de l'abus de la liberté. Dieu étoit offensé impunément, il fallut un frein sacré qui arrêtât le cours de ces désordres ; il révéla le dogme des châtimens éternels à son serviteur Abraham : ou plutôt Abraham plein de foi le reconnut quand Dieu l'assura qu'il seroit sa récompense infinie. (a) On croit aisément le Rémunérateur éternel de la vertu, le vengeur éternel du vice. Ce Pere des Croyans Juifs en instruisit Isaac son fils : Isaac l'aprit à Jacob ; Jacob à ses enfans, & en leur personne à toute sa race future. Après cela Moyse durant tout le tems qu'il conduisit les Israélites, ne jugea pas à propos de le leur rapeller d'une façon claire. Ceux qui lui succéderent leur en parlérent plus intelligiblement : Les Tobie, Job, David, Salomon, Ezéchiel, Amos, tous ces hommes inspirés d'en haut annoncerent aux Juifs

---

(a) Gén. ch. 15.

pécheurs pour fin des peines, un feu, des ténebres, un enfer. (b) Jesus-Christ paroît, lui qui, comme il le dit, étoit venu pour confirmer & perfectionner la créance Judaïque : il enseigne cette vérité terrible à ses Disciples : Ceux-ci la prêchent aux Gentils, aux Juifs, aux Romains, aux Grecs convertis. Ces premiers Chrétiens nous la transmettent telle qu'ils l'ont reçue des Apôtres. Nous la croyons comme si nous l'avions entendue de leur bouche ; & nous confessons aussi comme eux & d'après eux seuls, que l'orgueilleux sera précipité dans l'enfer ; (c) que l'enfer sera le sépulcre de l'avare ; (d) que les scandaleux seront jettés au feu éternel ; (e) que les impitoyables, & ceux qui n'auront pas eu compassion du pauvre, seront condamnés au même suplice ; (f) que les faux Prophetes, les faux

(b) Eccli. 21.
(c) S. Matth. ch. 11.
(d) S. Luc, ch. 16.
(e) S. Matth. ch. 18.
(f) Idem, ch. 25.

E 3

Docteurs, (g) & généralement tous les Censeurs téméraires des Livres saints, seront plongés dans l'abyme ténébreux. (h)

<small>Ch. Ezé-chiel.</small> Plusieurs Critiques, dit encore M....., qui ont lu dans les Livres saints, la vision qu'eut Ezéchiel près de la petite riviere de Chobar, se sont révoltés contre plusieurs endroits raportés de cette vision miraculeuse ; contre celui du Chapitre quatrieme, versets douzieme & quinzieme ; contre celui du Chapitre seizieme ; contre celui du Chapitre vingt-troisieme ; & il ajoute, comme une découverte qu'il auroit faite, que ce Prophete qui dit au Chapitre dix-huitieme, que le fils ne portera pas l'iniquité de son pere, se trouve expressément en contradiction avec Moyse, qui au Chapitre quatorzieme des Nombres, assure que les enfans porteront l'iniquité des peres jusqu'à la troisieme & la quatrie-

---

(g) Je souhaite que M.... n'éprouve pas un jour la vérité de cet oracle.

(h) 2. Epist. de Saint Pierre, ch. 2.

me génération ; que ce même Ezéchiel au Chapitre vingtieme fait encore dire au Seigneur qu'il a donné aux Juifs des préceptes qui ne font pas bons.

C'est l'ordinaire de l'impie de blasphémer ce qu'il ignore ; les paroles les plus admirables par leur énergie, dont il ne comprend pas le sens, lui semblent des absurdités qui révoltent ; il s'efforce de les ridiculiser afin, s'il le peut, de les faire tomber dans le mépris. La nourriture que Dieu prescrit à Ezéchiel, & la description qu'il lui commande de faire de plusieurs excès monstrueux, blessent également le goût & la pudeur ; qui ne voit que ces alimens & ces portraits ordonnés, sont des voiles mystérieux dont le Prophete se sert pour dérober aux Chaldéens, qui s'en seroient moqués, la connoissance des vérités toute à la fois humiliantes & terribles qu'il annonce aux Ifraélites. (a) Cette

(a) Les Prophéties qu'Ezéchiel, captif à Babylone, faisoit égnimatiquement par les raisons que j'ai dit, & qu'il expliquoit en particulier aux

Nation avoit été dans tous les tems singuliérement protégée de Dieu ; elle Juifs ; Jérémie dans le même tems libre à Jérusalem, les y faisoit clairement ; à l'article du pain cuit sous la cendre de fiente de bœufs, Ezéchiel ne manqua pas de leur dire que ce pain ainsi cuit dont il devoit manger sous leurs yeux pendant 390 jours, représentation abregée des 390 années, pendant lesquelles Dieu avoit suporté les iniquités des dix Tribus, à compter depuis le Schisme de Jéroboam ; & le tems auquel ce Prince introduisit l'idolâtrie parmi les Tribus, depuis l'an du monde 3030 * jusqu'en l'année 3420 ou environ de la prise de Jérusalem : A cet article, dis-je, il dût leur faire remarquer que ce pain souillé devoit d'abord être cuit sous la cendre de ce qui sort de l'homme, (l'Hébreux, cuit sous la cendre avec des excrémens d'hommes ; les Septantes, caché sous la cendre dans l'ordure de l'homme ;) mais que Dieu avoit eu égard à ses prieres, qu'il avoit encore eu pitié d'eux & de son serviteur fidele, & qu'il avoit bien voulu diminuer leurs miseres futures figurées par ce pain de douleur. *Osée, ch. 9. v. 3. prédit les mêmes maux aux Israëlites corrompus & idolâtres.*

* 3. Reg. ch. 12. v. 33.

Je conviendrai que cette maniere de faire cuire son pain a quelque chose de bien extraordinaire. Toutefois dans l'Egypte, à la Campagne encore aujourd'hui, le pauvre qui manque de bois, n'a pas d'autre ressource. *Voyez Pietra della Valle. Tom. 2. Epist. 2.*

n'avoit répondu à tant de bienfaits que par la plus grande ingratitude. Les entrailles néanmoins de sa miséricorde ne sont pas encore fermées pour elle ; il veut la corriger & la porter à faire pénitence. Israël est prévaricateur ; mais Israël est son fils premier né : il parle à Ezéchiel, fils de Buze ; il lui ordonne de rapeller à ce Peuple en termes les plus forts, la grandeur de ses bontés pour lui, l'abus excessif qu'il en a fait, de représenter à la Tribu de Juda, sous la figure d'une jeune fille, ce qu'il a fait pour elle quand elle étoit encore comme naissante en Egypte, destituée de tout secours humain, rejettée, méprisée, persécutée, chassée, poursuivie, comme il l'a accueillie, soutenue, délivrée de ses ennemis, nourrie, vétue le plus richement, élevée à tous les honneurs, à l'auguste dignité même de Reine : de retracer à Samarie & à Jérusalem, sous l'image de deux femmes débauchées, Oolla & Ooliba, leurs abominations, leurs idolâtries, leurs défordres, leurs diffolutions, leurs fornications, leurs proftitutions avec les Egyptiens, les Chaldéens, les Affiriens, les Moabites, les Ammonites; & avant tous ces portraits qui doivent, s'il m'eft permis de parler de cette maniere, juftifier infiniment les puiffans motifs de fes châtimens futurs, de décrire aux Juifs le fiege de Jérufalem, la ruine de cette Ville & de fon Temple, l'affreufe mifere de fes Habitans, qui feront reduits à manger du pain cuit fous la cendre de fiente de bœufs, à boire de l'eau; le tout mefuré, & en quantité fi petite, qu'ils tomberont d'inanition les uns fur les autres.

Il n'y a rien-là qui révolte que la conduite odieufe des Juifs qui, force, pour le dire ainfi, Dieu de les menacer des plus grands châtimens; & la témérité du méchant Traducteur, qui par fes interprétations fales, a engagé à faire ici ces explications; & qui ofe affurer que la Synagogue au quatrieme fiecle, ne permettoit pas la lecture d'Ezéchiel avant l'âge de trente ans, parce que ce Prophete dans les Chapitres susdits, se trouve expressément en contradiction avec Moyse. Je croirai plutôt que ces défenses, si elles ont eu lieu, n'auroient été faites alors que pour empêcher l'abus que les jeunes libertins de ces tems-là auroient pu faire de cette lecture. Le mépris des Livres saints parmi les Juifs même, n'avoit pas sans contredit comme en nos jours dans le Christianisme, gagné tous les âges. Un vieillard septuagénaire, qui se seroit donné pour maître d'impiété en Israël, (*b*) auroit été fort mal reçu à vouloir enseigner que l'Esprit-Saint peut se contredire, & désavouer dans un tems ce qu'il auroit dit dans un autre.

Le Seigneur qui avoit menacé par la bouche de Moyse, de visiter l'iniquité des Peres jusqu'à la troisieme & la quatrieme génération, dans les fils qui le haï-

___
(*b*) L'Auteur connu du Dictionnaire Philosophique est né sur la fin du dernier siecle.

ront, (*c*) voit que les Juifs criminels abusent de ces paroles de sa Loi ; qu'il est passé chez eux en proverbe que les peres ont mangé les raisins verds, & que les fils en ont les dents agacées ; qu'ils veulent marquer par cette expression figurée, qu'il punissoit injustement en eux les crimes de leurs prédécesseurs, leur dit par celle d'Ezéchiel, d'où vient que vous vous servez parmi vous de cette parabole ? Comme s'il leur eut dit, pourquoi ces reproches injurieux à ma justice que je vous entends faire tous les jours ? il n'y a point en moi d'acception de personne ; je ne punis jamais le juste pour l'injuste. Vous affectez

(*c*) M.... qui a envie de surprendre la religion de ses Lecteurs, en alturant la vérité de la prétendue contradiction qui se trouve dans les endroits mentionnés des Livres saints, cite exprès le quatorzieme Chapitre des Nombres, où les paroles de la Loi ne sont pas raportées dans leur entier, au lieu de citer le vingtieme Chapitre de l'Exode où la Loi a été portée, & où on lit que Dieu visitera l'iniquité des Peres jusqu'à la troisieme & la quatrieme génération dans les Fils qui le haïront.

malicieusement de ne pas comprendre le sens des paroles de la Loi que j'ai portée contre les peres seuls & les enfans qui seroient rebelles à mes Ordonnances. L'ame du fils est à moi comme l'ame du pere..... Si un homme est juste ; s'il agit selon l'équité ; s'il ne mange point sur les montagnes ; s'il ne leve point les yeux vers les idoles de la maison d'Israël ; s'il ne viole pas la femme de son prochain....; s'il ne blesse & attriste personne ; s'il rend à son debiteur le gage qu'il lui avoit promis ; s'il ne prend point du bien d'autrui par violence..... S'il marche dans la voie de mes préceptes, celui-là est juste, il vivra très-certainement. Si cet homme a un fils qui commette quelques-unes de ces fautes, qui soit un voleur, un sanguinaire, vivra-t-il après cela ? Non certes, il mourra, & son sang sera sur lui. Si cet homme a un fils qui, voyant tous les crimes dont son pere est coupable, en est saisi de crainte, & se garde bien de l'imiter......, qu'il observe mes Commandemens, celui-là ne mourra point à cause de l'iniquité de son pere, mais il vivra très-certainement. Son pere qui avoit oprimé les autres par des calomnies, qui avoit fait violence à son frere, qui avoit commis des actions criminelles au milieu de son peuple, est mort à cause de sa propre iniquité. Que si vous dites pourquoi le fils n'a-t-il pas porté l'iniquité de son pere ? c'est que le fils a agi selon l'équité, & qu'il a rempli mes préceptes, c'est pourquoi il vivra certainement. Celui qui a péché mourra lui-même; le fils ne portera point l'iniquité du pere; & le pere ne portera point l'iniquité du fils. La justice du juste sera sur lui, & l'impiété de l'impie sera sur lui.

On voit par tous ces exemples que les paroles de Moyse, dans leur véritable signification, ne different en rien de celles d'Ezéchiel, qu'elles renferment exactement les mêmes menaces; & que l'intention du Prophete ici est seulement d'expliquer aux Juifs, pour arrêter déformais toutes leurs plaintes injustes, le vrai sens de la Loi portée par leur Législateur contre ceux-là seuls qui enfreindroient les Commandemens du Seigneur. Je le dirai, Dieu ne châtia jamais les hommes pour les péchés d'autrui, (c) à moins qu'ils ne s'en fussent rendus complices ou par leurs concours, ou par leurs conseils, ou par leurs exemples; & alors c'est moins des péchés étrangers, dont ils sont punis que de leurs propres crimes. S'il étoit capable d'agir autrement, il seroit contraire à lui-même, il cesseroit d'être juste ; & l'Apôtre diroit en vain de lui, qu'il ne permettra pas que nous soyons tentés au-dessus de nos forces. (d) Il est vrai qu'il arrive souvent dans le monde que l'innocent souffre avec le coupable, plus même que le coupable. Ces peines ne sont pas pour lui des punitions; elles sont des épreu-

(c) On voit qu'il n'est ici question que des péchés actuels.

(d) 1. Epist. de S. Paul aux Corinth. ch. 10.

ves qui servent à purifier sa vertu, & à lui faire dire, comme David, que la Loi & les Préceptes du Seigneur sont purs. (*e*)

Ceux qu'il a donné aux Juifs, & qu'il paroît déclarer par Ezéchiel n'être pas bons, étoient certainement bons en eux-mêmes ; ils procuroient la vie à ceux qui les observoient, & ils les sanctifioient, (*f*) ils devenoient mauvais aux transgresseurs, & ils leur causoient la mort. Les Juifs reçurent ces Préceptes par le ministere de Moyse sur la montagne de Sinaï & dans le Désert ; nous ne voyons pas qu'il leur en ait été prescrit ailleurs. Ces préceptes étoient moraux, judiciels & cérémoniels ; l'objet de ces derniers qui les obligeoient de se présenter souvent au Temple, étoient vraisemblablement,

(*e*) Pf. 18. v. 8.
(*f*) Ezéch. ch. 20. v. 11. 12. *Et dedi eis præcepta mea, & judicia mea ostendi eis, quæ faciens homo, vivet in eis. Insuper & Sabbata mea dedi eis, ut essent signum inter me & eos : & scirent quia ego Dominus sanctificans eos.*

ment, observent les Peres, (g) de les distraire de leurs inclinations perverses à retourner au culte des idoles. Toutes ces charitables précautions devinrent inutiles ; jamais peuple ne fut plus particuliérement favorisé du Ciel ; jamais aussi on ne vit de peuple plus terrestre & plus ingrat. Dieu paroit par-tout attentif à le combler de bienfaits ; il veut se l'attacher indissolublement. Israël méprise toutes ces faveurs ; tous les Dieux des Nations sont les siens. Le Dieu de ses Patriarches Abraham, Isaac & Jacob ; ce Dieu qui a plusieurs fois forcé les Loix de la Nature en sa faveur ; qui a fait retirer les eaux de la Mer rouge pour lui ouvrir un passage à la vue de ses ennemis qui le poursuivoient ; qui a fait tomber la manne du Ciel, pour le nourrir dans le désert ; qui a fait sortir de l'eau d'un rocher pour arrêter sa soif ; ce Dieu, dis-je, est le seul qu'il refuse de reconnoître ; il en est indigné ; il prend

---

(g) S. Justin, Martyr, S. Jérôme, S. Chrysostome, Tertullien, Origene, Théodoret.

F

enfin la réfolution de s'en venger. (*Ergo & ego dedi eis præcepta non bona.*) Il abandonne ce Peuple au déréglement de fon cœur, & à l'aveuglement de fon efprit, à la loi perverfe qu'il s'eft forgée, aux préceptes dangereux qu'il s'eft impofé ; préceptes qui ne font pas bons, dans lefquels il trouvera fa perte, & fes malheurs. Dieu dit quelquefois qu'il fait ce qu'il permet fimplement ; ainfi il enjoint à Balaam d'aller avec les envoyés de Balac, Roi de Moab. (*h*) Il ordonne aux Ifraélites de marcher contre la Tribu de Benjamin. (*i*) Il commande à Séméï de maudire David. (*l*) Il abandonne Ifraël aux mauvais defirs de fon cœur ; (*m*) il le livre aux ennemis dont il adore les Dieux. (*n*) Le Chaldéen traduit : puifqu'ils ont fi mal obfervé mes ordres, & qu'ils

---

(*h*) Nomb. ch. 22. 20.
(*i*) Judic. ch. 20. 18. 23.
(*l*) 2. Reg. ch. 16. 10.
(*m*) Pf. 80. 13.
(*n*) Deut. ch. 32. 37. 38.

n'ont point voulu obéir à mes Prophetes, je les ai rejettés, & je les ai livrés à la main de leurs desirs insensés. Ils se sont fait de mauvaises Ordonnances & des Loix qui ne leur donneront pas la vie. Manassé-ben-Israël traduit l'Hébreu avec une interrogation. Leur ai-je donné des préceptes qui ne fussent pas bons, ou des Loix qui ne les pussent faire vivre s'ils les eussent observées ? Les Oracles de l'Ecriture sont si simples, & en même-tems si sublimes, qu'il n'est pas possible, quand on les lit avec un cœur droit, de ne pas y reconnoître l'Esprit de Dieu.

M... qui pour le malheur de plusieurs de ses Compatriotes, & pour le sien propre ; M....., dis-je, qui ne les lut jamais dans ces dispositions, voudroit bien pouvoir persuader qu'ils sont des productions humaines ; que tout ce qu'on lit, par exemple, dans plusieurs endroits de la Genese, Chapitres premier, second, troisieme, sixieme, neuvieme, dix-neuvieme, est de l'invention des hommes ; que toute la Théologie des Juifs, leur vient des Phéniciens ; que tout ce que Moyſe écrit de l'origine du monde, il l'a apris de ces peuples ; que toute l'Hiſtoire ſacrée des ſix jours eſt imitée de celle des ſix tems de la même Nation. Il n'eſt pas plus perſuaſif dans ſes remarques fauſſes ſur l'opinion purement charnelle qu'il prête aux Juifs ſur ces paroles du Seigneur : FAISONS L'HOMME A NOTRE IMAGE ; ſur le Politéiſme qu'il dit admis par ces Peuples avant même leur long ſéjour dans l'Egypte ; on ne doit pas plus l'écouter dans ſes obſervations haſardées ſur le Paradis terreſtre, ſur le jardin de ce Paradis, ſur les fleuves qui l'arroſoient ; dans ſes réflexions téméraires ſur la défenſe qui fut faite au premier homme de manger du fruit de la ſcience du bien & du mal, ſur la tentation du Serpent, la chute d'Adam & d'Eve, & leur punition ; ſur l'alliance des Enfans de Dieu avec les filles des hommes, & la naiſſance des géans ; ſur le déluge univerſel que Dieu envoya sur la terre en punition de cette alliance, & le pacte qu'il fit avec Noé & les animaux; sur les idées que les Juifs se formérent de l'arc-en-ciel; sur les insultes faites aux deux Anges par les habitans de Sodome; sur la conduite de Loth en cette occasion; sur son inceste avec ses deux filles, & le châtiment de sa femme curieuse.

Les Egyptiens & les Phéniciens imaginérent le systême insensé de l'éternité de la matiere; ils prétendoient qu'indépendante, elle ne tenoit son existence que d'elle-même. Il étoit conséquent qu'ils se fissent des Dieux inférieurs des portions de ce prétendu Etre premier; ils adorérent les Astres, les Elémens & mille autres choses plus indignes encore de respect. Moyse fidele à la religion de ses Peres les Patriarches, voit avec horreur le culte sacrilége de ces Peuples: il tremble justement pour la foi chancelante de plusieurs des Hébreux ses freres. Poussé de l'Esprit de Dieu, il prend la résolution de leur parler; l'orgueil, & peut-être la jalousie s'étoient emparés de leur cœur ; il trouve des furieux qui demandent hautement sa perte ; il est obligé, pour échaper aux suites fâcheuses de leurs injustes reproches, de fuir dans l'Arabie pétrée : Le Seigneur lui aparoit sur la montagne d'Horeb ; il lui ordonne de partir pour l'Egypte, & d'en tirer son Peuple qui y gémissoit, depuis plus de quatre-vingt ans, dans la plus dure servitude. Dès que les Israélites sont en liberté, & qu'il trouve le moment propre, il leur rapelle, pour combattre le sentiment susdit de ces Peuples au milieu desquels il a vécu, la toute puissance de Dieu dans la création de toutes choses, par ces paroles pleines de merveilles.

AU COMMENCEMENT(*a*)DIEU(*b*)

(*a*) Avant l'existence de tout Etre.
(*b*) Ou les Dieux. Cette expression irrégulière de la Langue hébraïque qui se trouve dans d'autres endroits où il ne paroît aucun mystère, est semblable à celles d'Addonim, les Seigneurs ; Panim, les Faces. Ces sortes de noms pluriers

CRÉA (c) LE CIEL ET LA TERRE (d) MASSE INFORME, CONFUSE, EN DÉSORDRE, (e) SON ESPRIT ÉTOIT PORTÉ SUR LES EAUX, (f) qui la pénétroient de toute part. Il leur imprima par sa sagesse, un mouvement réglé, qui se communiquant à tout le cahos, débarrassa les parties subtiles & lumineuses, des grossieres & opaques, & fit prendre à toutes, la forme & la place qui les distinguent dans l'Univers;

dans cette Langue, sans changer le sens, se mettent indifféremment dans la construction, avec un plurier & avec un singulier.

(c) Le terme créer, en Hébreu *Bara*, en Latin *Creare*, signifie deux choses dans l'Ecriture, tirer du néant, donner la forme à quelque chose. Tous les Juifs & Chrétiens le prennent ici dans le premier sens: Voyez sur ce sujet le Chapitre septieme, verset vingt-huitieme du second Livre des Machabées.

(d) Pour être la matiere de tous les Etres corporels; le verset qui suit l'indique assez.

(e) L'Hébreu porte, Tohu, Bohu. Les Septante Informe & toutes dans la confusion. Symmaque, masse sans mouvement, sans action & en désordre.

(f) Le Chaldéen traduit souffloit; le Syriaque, s'agitoit.

delà la formation de la lumiere, (*g*) la séparation d'avec les ténebres, (*h*) la nuit & le jour; (*i*) delà la formation du Firmament, (*k*) la division des eaux

(*g*) C'est-à-dire, de cet assemblage de matiere lumineuse dont les corps de même nature, je parle du Soleil & des Etoiles, devoient être formés le quatrieme jour.

(*h*) Cette séparation n'est pas celle de deux corps qui auroient été unis. Moyse dit bien que la lumiere a été faite; il ne dit pas la même chose des ténebres. C'est une séparation de lieu causée par les qualités réelles & sensibles de la lumiere dont les ténebres ne sont que la privation ou l'absence.

(*i*) Il est probable, selon ce que nous venons de dire ou plutôt de suposer ci-dessus, que la terre, quoique dénuée alors de tous les agrémens qui la parent aujourd'hui, avoit reçu déjà son mouvement de rotation, & tournoit sur son axe; ce qui explique, la division des ténebres & de la lumiere, comment avant la formation du Soleil & des Etoiles, la nuit pouvoit succéder au jour, & comment on peut compter trois jours formés du matin & du soir.

(*k*) Le terme Hébreu Rakiah que les Septante ont traduit, par solidité, la Vulgate par firmament, plusieurs nouveaux Interpretes, par tenture, se prend aussi pour étendre un métal à coups de marteau; comme si Moyse avoit vou-

supérieures d'avec les eaux inférieures; le Ciel; delà la réunion en un seul lieu des eaux qui sont sous le Ciel, la Terre, la Mer; delà la formation de deux grands corps lumineux, le plus grand pour présider au Jour, l'autre plus petit pour présider à la Nuit; (*l*) des Etoiles, tous placés dans le Firmament pour éclairer la Terre. Les plantes, les animaux, les hommes, ne sont pas une suite de ce premier mouvement imprimé à la matiere : ils furent formés par une volonté expresse du Tout-Puissant, qui dans la production de chaque espece, en disposa les parties, régla l'organisation avec tant d'art qu'elles pussent se multiplier, se reproduire & se conserver par des

lu marquer que le Ciel est un corps fort dur, & comme une voute immense couverte de bronze battu.

(*l*) Les Juifs, instruits par Moyse qui l'avoit apris de Lévi, celui-ci de Jacob; Jacob d'Isaac; Isaac d'Abraham; Abraham de Sem; Sem de Noé; Noé de Seth; Seth d'Adam, savoient comme nous aujourd'hui, que la Lune est un corps opaque qui sert à réfléchir la lumiere du Soleil sur notre élément.

Loix impénétrables à l'esprit humain : L'HOMME SEUL FUT FAIT A L'IMAGE ET A LA RESSEMBLANCE DE DIEU. Ces deux termes joints ensemble marquent une ressemblance très-grande ; elle ne peut être toutefois que par les qualités de l'ame substance spirituelle, si l'on en excepte l'antiquité païenne, & quelques matérialistes, dont tous les siecles furent toujours infestés ; personne qui fit usage de sa raison, ne reconnut dans Dieu un corps, des infirmités qui en sont inséparables. L'homme, selon l'être moral, lui est rendu semblable par la justice, par l'innocence, par la grace, par la sagesse. Le Conducteur des Juifs instruit par l'Esprit-Saint, reconnut toujours ces vérités qui sont comme la base de toute sa théologie. Si nous ne voyons pas qu'il les ait enseigné publiquement à cette Nation grossiere, on ne peut pas en inférer au moins qu'il n'en ait jamais parlé en particulier à quelques-uns de ses plus intelligens. Il est de ces choses qui semblent omises à dessein, auxquelles le sage lecteur peut supléer par ses réflexions, quand ce qu'il pense peut convenir au corps du recit sans intéresser la vérité. Celle de la pluralité des Dieux imputée méchamment par M..... aux Israélites avant leur établissement dans l'Egypte, n'est pas de la même nature. Il est absurde de dire qu'Abraham, ses fils, & ses petits-fils tous enfans de la promesse, aient été idolâtres dans ces tems, de leur particulier attachement au culte du Dieu du Ciel. (Les Nations étrangères nommèrent ainsi par distinction de leurs fausses Divinités, le Dieu que les Israélites adoroient.) On convient que ces Peuples ont eu du penchant à l'idolâtrie, qu'ils ont été même idolâtres après leur sortie d'Egypte, & peut-être dans l'Egypte : L'Auteur du Pentateuque le leur reproche dans presque toutes les pages de son Livre ; mais il est faux d'avancer qu'ils l'aient été avant ces tems-là, si ce n'est que le Sophiste veuille parler des Chaldéens aïeux d'Abraham, & alors toute objection cesse. Il forma le même jour Adam et Eve de sexe différent : Les paroles du texte ne présentent point d'autre idée ; on y lit que Dieu les forma, & non le forma ; & quoique Moyse raporte après l'histoire du sixieme jour, la maniere dont Eve fut formée, ce qui n'est qu'une récapitulation succinte du recit qu'il vient de faire, où il ajoute ce qu'il n'avoit pas dit d'abord, on peut croire néanmoins qu'Adam & Eve furent formés tous les deux ce jour-là : autrement Dieu n'auroit pu leur dire, croissés & multipliés, & il auroit d'ailleurs formé quelque chose depuis le repos qu'il s'étoit prescrit. Le Seigneur avoit planté dès le commencement, un Jardin délicieux, (*a*) dans lequel il mit l'Homme pour y travailler, pour s'y occuper

(*a*) L'Hébreu traduit, le Seigneur planta un Jardin à Eden vers l'Orient. Cette version est suivie par les Septante, Joseph, les Peres Grecs, & par la plupart des nouveaux Commentateurs Latins.

agréablement, POUR LE GARDER, &
en prendre soin comme de son héritage
propre. DE CE LIEU DE DÉLICES SOR-
TOIT UN FLEUVE QUI L'ARROSOIT,
ET SE PARTAGEOIT EN QUATRE CA-
NAUX DONT LE PREMIER APELLÉ
PHISON, EST CELUI QUI TOURNOIE
DANS TOUT LE PAYS D'HEVILAC OU
VIENT DE L'OR; LE SECOND NOM-
MÉ GEHON, EST CELUI QUI ROULE
SES EAUX TOUT AUTOUR DU PAYS
D'ETHIOPIE; LE TROISIEME LE TI-
GRE, EST CELUI QUI A SON COURS
VERS LES ASSIRIENS, ET LE QUA-
TRIEME EST L'EUPRHATE. (*b*) Les

(*b*) M..... qui fait semblant de croire qu'il n'y a jamais eu d'autre Ethiopie, que celle d'A-frique, après avoir traduit les paroles susdites de l'Ecriture, dit, suivant cette version, le Paradis terrestre contient près d'un tiers de l'Asie & de l'Afrique.

Les quatre Fleuves, dont parle Moyse, sont Asiatiques; ils ont tous leur source dans l'Armé-nie. Le Géhon qui roule ses eaux tout autour de l'Ethiopie, n'est pas un Fleuve d'Afrique; c'est un Fleuve d'Asie. Il y eut jadis, selon Hé-

révolutions occafionnées par les tremblemens de terre, & autres événemens

* Hérodote, Liv. 2 Strabon, l. 1. p. 23. 27. Pline, l. 6. ch. 30. Homere remarque qu'il y a des Ethiopiens à l'Orient & à l'Occident, au deçà & au là de la mer rouge, dans l'Afrique & dans l'Afie. Ethiopes bipartiti naturaliter funt finu Arabico infer fluminis.

rodote, Homere, Strabon, Pline, &c. *, une Ethiopie dans cette partie du monde. Les Peres des Ethiopiens qui habitent aujourd'hui au-deffus & au midi de l'Egypte, pays nommé autrefois, ÆTHERIA, ou AERIA, la quittèrent pour venir s'établir dans l'Afrique. Moyfe raporte les chofes telles qu'elles étoient de fon tems, ou qu'elles avoient été avant lui ; je parlerai en fon lieu de la fituation du Phifon, du Gehon, du Tigre, de l'Euphrate dans l'Armenie. Le Phifon, aujourd'hui apellé Phafe, & le Gehon Araxe, ont reçu ces noms des différens Peuples qui ont fubjugué le pays où ils fe trouvent. Phafe ou Phafis, reffemble beaucoup à Phifon. Le terme Phifon fignifie être abondant, s'augmenter ; & le Phafis le plus célebre des Fleuves de la côte de la Colchide, eft groffi par plufieurs rivieres qu'il reçoit dans fon cours; il tournoie: il n'y a peut-être point de Fleuve dans le monde qui faffe tant de détours, ce qui a obligé à y conftruire fix vingt ponts : dans tout le pays d'Hevilah. On connoît dans l'Armenie & dans le pays des Colchiens, plufieurs Villes qui confervent encore des veftiges du nom d'Hevilah, comme Cholva, Cholvata, la région Cholobetene, dans Hairon, & le pays de Haloen en Armenie, où vient de l'or, & l'or de cette terre eft très-bon. Il n'y a pas de pays dans le monde auffi célebre que la Colchide par fon or,

inconnus, qu'on peut supofer avec fondement, arrivés dans la nature depuis Strabon dit que les Fleuves & les torrens de cette terre portent dans leurs eaux des pailles d'or que les Habitans recueillent dans des peaux couvertes de leur laine, ou fur des planches percées: *Apud eos torrentes dicuntur deferre aurum, quod barbari perforatis tabulis, ac Lanofis pellibus excipiunt.* Liv. 11. p. 350. Les Anciens l'eftimoient beaucoup plus que celui que l'on tire des mines. *Nec ullum abfolutius aurum eft,* CURSU IPSO TRITUQUE PERPOLITUM. Le mot Hébreu GEHON, qui vient d'une racine qui fignifie couler avec impétuofité, exprime auffi parfaitement la nature de l'Araxe: ce Fleuve eft très-grand, il s'enfle dans fon cours de plufieurs rivieres & torrens qui s'y déchargent. Il eft très-rapide. Alexandre & Augufte effayérent envain d'y faire bâtir des Ponts; quelques forts & maffifs qu'ils fuffent, ils n'ont pu tenir contre la rapidité de fes eaux; on voit encore quelques reftes des arches. Le pays qu'il arrofe eft très-fertile: le terrein produit toutes fortes de fruits, & dans plufieurs endroits, deux ou trois fois l'année, fans être cultivé; les vignes donnent tant de raifins qu'on eft obligé d'en laiffer aux ceps. Strabon qui affure toutes ces chofes, *Liv.* 11. *p.* 352. *edit. Bafil.* dit en plufieurs endroits de fa Géographie, *Liv.* 11. *p.* 369, que Jafon & Médée ont régné dans les pays qui font entre le Pont Euxin & la mer Cappie; qu'on y a vu pendant un très-long-tems des mo-

Moyse jusqu'à nos jours ; les changemens introduits dans les noms des Empires, des Royaumes, des Provinces, des Villes, empêcheront toujours de dire quelque chose de certain de ce lieu & de ses Fleuves. Le nombre des Savans qui ont travaillé sur un sujet aussi obscur, est prodigieux : parmi tous ces Ecrivains l'illustre Huet, Evêque d'Avranches, dans sa Dissertation sur le Paradis terrestre, est celui qu'on reconnoît avoir examiné avec plus de soin cette matiere. Le Pere Calmet, un de ceux qui portent ce Jugement, ne paroît pas toutefois adopter cette dissertation. Après un examen de la plus grande érudition, il place le Paradis terrestre

numens de Jason, qui y étoit honoré comme un Dieu ; que ce Héros changea le nom de plusieurs Provinces & de plusieurs Fleuves: qu'il leur donna des noms Grecs, pris des Fleuves de la Grece qui avoient quelques raports avec ceux de l'Armenie ; qu'il nomma l'Araxe de ce nom, à cause de sa ressemblance avec le Fleuve Peneus, nommé aussi Araxe par les Grecs, parce qu'il sépare Ossa de l'Olympe.

terreſtre dans l'Armenie, près du mont Ararat où le Tigre & l'Euphrate ont leur ſource, le premier au midi, le ſecond au couchant de cette montagne; le Phiſon ou Phaſe qui en paroît le plus éloigné, a ſa ſource au nord, & le Géhon ou Araxe à l'orient. Les Curieux qui voudront voir au moins du vrai-ſemblable ſur le lieu où étoit le Paradis terreſtre, ſur ſa deſcription, ſur les fleuves dont on vient de parler, pourront lire à la page 49 du Commentaire littéral ſur la Geneſe, les recherches immenſes de cet Auteur profond. ADAM REÇUT CET ORDRE : MANGEZ DE TOUS LES FRUITS DES ARBRES DU PARADIS ; MAIS NE MANGEZ PAS DU FRUIT DE LA SCIENCE DU BIEN ET DU MAL. Ces dernieres paroles, j'en conviendrai avec M....., priſes à la lettre, ſe conçoivent difficilement ; elles ſouffrent même de très-grandes difficultés. Je penſerois d'après Saint Chryſoſtome & Théodoret, que ce fruit ne ſe nommoit ainſi que parce qu'il de voit être l'occasion de la désobéissance de nos premiers Peres, & par-là la cause de la funeste expérience qu'ils devoient faire de l'oposition qui devoit se trouver entre le bonheur de leur premier état, & le malheur du second; ils devoient mourir s'ils en mangeoient; (*a*) soumis ils conservoient l'immortalité, & les autres avantages avec lesquels ils étoient sortis des mains du Créateur. LE SERPENT, ou plutôt le Démon, sous la figure de cet animal, jaloux de la grandeur de leur gloire, forme la résolution de tenter la femme; il pense que celle-ci séduite, elle ne manquera pas de travailler efficacement à la séduction de l'homme : IL LUI DIT, &c.

Toute cette Histoire de la chute de nos premiers Parens qu'on peut lire dans la Genese, parut jadis une fable à l'Empereur Julien, si judicieusement réfuté par S. Cyrille; (*b*) & paroît telle

(*a*) Ils devenoient mortels.
(*b*) L. III. Contre Julien.

encore en nos jours à M......, qui n'en donne point de raisons, au moins qui méritent des réponses ; à leur défaut, il essaie de plaisanter sur le ton de l'original qu'il copie. Je lui observerai toutefois que Moyse qui la raconte, le fait d'une façon tout-à-fait particuliere, & qui ne ressemble rien moins qu'à une fiction : il y cache sous une espece de parabole le recit d'une chose très-réelle. Il nous y represente en la personne des Israélites, gens accoutumés à ce style figuré, un Serpent le plus rusé de tous les animaux qui parle à Eve, qui raisonne avec elle, qui la trompe, qui la porte au mal, qui attire sur lui des malédictions ; & sur ceux qu'il séduit, des châtimens & des souffrances. Dans tout cela l'Historien sacré ménage si bien ses expressions, qu'on s'aperçoit aisément qu'il veut marquer un autre Serpent que celui qui parle à la femme ; & entre les malédictions dont Dieu le frape, celle de l'inimitié qu'il mettra entr'elle & le Serpent, ne peut tomber que fur le Démon.

Les enfans de Dieu qui s'allient avec les filles des hommes d'où sont sortis les géants, est encore, selon M....., un de ces faits dans l'Ecriture de pure imagination. Il ne veut entendre par le terme Hébreu *Elohim* que les Dieux; ce qui lui donne occasion de continuer à dire férieusement des inutilités. Ce terme toutefois, ne lui en déplaise, peut aussi signifier des Anges, des Princes, des Grands. Le Chaldéen traduit, les fils des Princes. Symmaque, les fils des Puissans. L'Arabe, les fils des Illustres; & Saint Chrysostome, Saint Cyrille d'Alexandrie, Saint Augustin, S. Eucher, tous ces Peres de l'Eglise prétendent que sous le nom d'enfans de Dieu, on doit se représenter les enfans de Seth qui étoient la race choisie; & que par les filles des hommes, il faut entendre celles de Caïn & de ses descendans, lesquelles étant corrompues comme leurs peres, engagérent dans le crime ceux de la race de Seth, qui charmés de leur beauté, voulurent les avoir pour femmes, & engendrérent les Geants, CES HOMMES PUISSANS ET SI FAMEUX DANS L'ANTIQUITÉ par toutes sortes d'excès où ils se livrérent.

En punition de tous ces désordres, Dieu dit : JE FERAI VENIR SUR LA TERRE LES EAUX DU DÉLUGE. Quelle que soit ici la façon de penser de M...., qui raporte que Saint Augustin, *n. 8. de sa cité de Dieu*, assure que l'Histoire Grecque & Latine ne parle pas de ces eaux ; qui, à l'article de l'inondation, avance qu'il est physiquement impossible qu'il y ait eu un tems où le Globe ait été entiérement submergé ; qui en conséquence fait de grands frais d'un calcul inutile, & qui finit par crier d'un ton de mauvais plaisant plusieurs fois au miracle ; je dirai que pour concevoir la possibilité & même la vérité d'un Déluge universel arrivé du tems de Noé, il suffira de se rapeller la situation de la terre avant que Dieu séparât les eaux qui étoient sous le Firmament, de celles qui étoient au-dessus du Firmament, & qu'il commanda que celles qui étoient sous le Ciel, se retirassent en un seul lieu ; la terre alors étoit couverte d'eau ; au tems du Déluge Dieu avoit ordonné la réunion de ces eaux. Ce sentiment paroît conforme à celui de Moyse, il se sert ici de termes qui ont un raport naturel à ceux qu'il a employé au Chapitre premier de la Genese, versets six & sept. Pour être donc autorisé à dire qu'il est impossible de prouver physiquement la possibilité de ce Déluge arrivé dans l'espace de quarante jours, je pense qu'il faut auparavant avoir démontré de la même maniere, l'impossibilité de cette réunion pendant le même espace de tems. Il n'est pas question ici d'une chute d'eau semblable à celle de nos pluies même les plus violentes de l'Europe, & des autres parties du monde, de l'Asie, de l'Afrique & de l'Amérique. LES SOURCES DU GRAND ABYME

FURENT ROMPUES, ET LES CATARACTES DU CIEL FURENT OUVERTES. (a) Si la quantité d'eau du Nil qui tombe par les cataractes de l'Ethiopie dans l'Egypte, est prodigieuse ; quelle sera celle qui tombe sur la terre quand les cataractes du Ciel sont ouvertes ? L'Astronome, le Géometre, l'Algébriste peuvent ici s'exercer chacun dans sa partie. M....., qui les embrasse toutes, pourra travailler à résoudre la difficulté qu'il a fait naître. Toutes les autres difficultés de cette Section, qui se réduisent à dire qu'il est naturellement impossible que tous les animaux, &c. sont résolues par M. le Pelletier dans sa Dissertation sur l'Arche de Noé. M...... qui sûrement n'a pas vu cet Ouvrage, à en juger par la maniere indécente dont il traite l'Auteur, pourra le lire avec attention. Si après cela il dit quelque chose de mieux, nous lui promettons de crier à notre tour

(a) Gen. ch. 7. v. 12.

très-sérieusement plus d'une fois au miracle. Je mets au bas de la page en caracteres italiques pour la satisfaction de de ceux qui ont lu l'article de l'inondation dans le Dictionnaire Philosophique, les principaux fragmens de cette Dissertation, & d'Observations d'autres Auteurs sur le même sujet.

M. le Pelletier supose que l'Arche étoit un Bâtiment de la figure d'un parallelipede rectangle, dont on peut diviser la hauteur par dedans en quatre étages, donnant trois coudées & demie au premier, sept au second, huit au troisieme, & six & demi au quatrieme; & laisser les cinq coudées restantes des trente de la hauteur, pour les épaisseurs du fond de comble, & des trois ponts ou planchers des trois derniers étages. Le premier de ces étages auroit été le fond, ou ce que l'on apelle caréne dans les Navires; le second pouvoit servir de grenier, ou de magasin; le troisieme pouvoit contenir les étables; & le quatrieme les volieres: mais la caréne ne se comptant point pour un étage, & ne servant que de réservoir d'eau douce, l'Arche n'en avoit proprement que trois; & l'Ecriture n'en met pas un plus grand nombre, bien que les Interpretes y en aient mis quatre, en y ajoutant la caréne.

Cet Auteur ne supose que trente-six étables

Après cet événement de ces vengean‑
geances, DIEU DIT A NOÉ, JE VAIS

pour les animaux de terre, & autant de volie‑
res pour les oiseaux; il place la porte, non
au côté de la longueur, mais à l'un des bouts
de l'Arche, persuadé qu'à l'un des côtés de la
longueur, elle auroit gâté la symmétrie de l'Ar‑
che, & en auroit ôté l'équilibre. Chaque éta‑
ble pouvoit être de quinze coudées ⅓ de long,
de dix-sept de large, & de huit de haut; & par
conséquent elle avoit plus de dix-huit pieds &
demi de long, plus de vingt-six de large, & plus
de treize & demi de haut de notre mesure. Les
trente-six volieres étoient de même grandeur.

Pour charger l'Arche également, Noé pouvoit
remplir ces étables & ces volieres, en commen‑
çant par celles du milieu, des plus gros animaux
& des plus gros oiseaux.

Cet Auteur fait voir par un calcul exact que
l'eau qui étoit dans la caréne, pouvoit être de
plus de trente-un mille cent soixante & quatorze
muids, ce qui est plus que suffisant pour abreuver
pendant un an, quatre fois autant d'hommes &
d'animaux qu'il y en avoit dans l'Arche. Il
montre ensuite que le grenier pouvoit contenir
plus de nourriture qu'il n'en falloit à tous les
animaux en un an.

Dans le troisieme étage, Noé a pu construire
trente-six loges pour serrer les ustenciles de mé‑
nage, les instrumens du labourage, les étoffes,

FAIRE ALLIANCE AVEC VOUS ; AVEC VOTRE POSTERITÉ APRÈS VOUS, ET

les grains, les semences. Il s'y pouvoit ménager une cuisine, une salle, quatre chambres, & une espace de quarante-huit coudées de longueur, pour se promener.

Jean Butes Anglois, qui a beaucoup travaillé sur les dimensions de l'Arche, remarque que le nombre des animaux qui devoit entrer dans l'Arche, n'est pas si prodigieux qu'on pourroit se l'imaginer. Nous ne connoissons de bêtes à quatre pieds, qu'environ cent trente especes ; des oiseaux, cent trente ; & des reptiles au plus trente especes. L'on ne connoît que six especes d'animaux qui soient plus gros que le cheval ; il y en a peu qui lui soient égaux, & il y en a un grand nombre qui sont moins grands, & qui sont même au-dessous de la brebis : ensorte que tous les animaux à quatre pieds, y compris trois mille six cens cinquante brebis que l'on met pour la nourriture des animaux carnaciers, n'occupent à peu près qu'autant d'espace que six-vingt bœufs, que trois mille sept cens trente brebis, & que quatre-vingt loups.

Des oiseaux, il y en a peu qui soient plus gros que le cigne, & presque tous le sont moins.

Pour les reptiles, la plupart vivent long-tems dans l'eau ; les serpens & les reptiles venimeux purent être mis dans la sentine de l'Arche.

AVEC TOUS LES ANIMAUX QUI SONT AVEC VOUS. Dieu! obſerve M....,

Quant aux proviſions pour la nourriture de tant d'animaux, il eſt aiſé de leur trouver place dans l'Arche, ſoit qu'ils vécuſſent tous d'herbes, de fruits & de légumes, ſoit que les carnaciers vécuſſent de chair. En ce dernier cas les brebis deſtinées à la nourriture des animaux carnaciers, diminuant tous les jours, nous ne comptons pour leur nourriture, qu'à peu près autant de foin qu'il en faut à dix-huit cens vingt brebis qui auroient demeuré toute l'année dans l'Arche.

Cet Auteur ſupoſe après cela que ſept brebis peuvent manger en un an autant qu'un bœuf mange pendant le même tems; ainſi les dix-huit cens vingt brebis conſumeront autant de fourage, que deux cens ſoixante & onze bœufs, qui étant joints à ſix vingt bœufs, que l'on prend pour tous les autres animaux qui ſe nourriſſent de foin, la ſomme ſera d'environ trois cens quatre-vingt-onze bœufs, ou quatre cens.

Un bœuf, ſelon M. Columelle, peut ſe nourrir de trente ou quarante livres de foin par jour. Le pied cube de foin, preſſé comme il eſt dans le grenier, peſe environ quarante livres; ainſi quatre cens bœufs mangeant par jour quatre cens pieds cubes de foin, en conſumeront par an cent quarante-ſix mille livres, qui occuperont un eſpace d'autant de pieds en quarré; or l'étage

faire alliance avec les bêtes ! quelle alliance ! cet étonnement paroîtroit fondé si l'on pouvoit conclure que Moyse qui raporte ce pacte, pensa que les animaux fussent capables d'intelligence, propres à entrer en alliance, & à en remplir les conditions. Son objet seul ici est d'inspirer du respect & de la reconnoissance aux Israélites pour les miséricordes du Seigneur qui veut bien en cette rencontre, se servir de semblables expressions pour assurer l'homme de ne plus désormais le traiter si rigoureusement, ni même les animaux à cause de l'homme pour qui ils sont faits. Ce sage Conducteur des Juifs n'ignoroit pas les préjugés dont ces Peuples étoient remplis. Il savoit que le plus grand nombre d'entr'eux, tenoit, ainsi que les Egyptiens au milieu desquels ils avoient vé-

du milieu étoit de cent cinquante mille coudées; & par conséquent plus vaste qu'il n'étoit besoin pour loger ce foin, en conservant le terrein nécessaire pour aller & venir, pour donner de l'air aux animaux, & pour conserver l'eau douce,

eu ; la plupart des animaux pour des Dieux ; qu'ils croyoient que les animaux parloient, & qu'ils raisonnoient. Il pense qu'il faut s'accommoder aux circonstances, qu'il convient de dissimuler pour un tems des sottises accréditées ; qu'il est plus à propos de travailler à réformer peu à peu, que de vouloir d'abord détruire entièrement. Il se contente de représenter les animaux comme des créatures assujéties à l'homme, qui lui sont abandonnées, dont il a pouvoir de se servir dans ses besoins, que Dieu punit, qu'il conserve, qu'il déclare pures ou impures, qu'il se fait, quand il le veut, offrir en sacrifice. C'étoit assez dire à ceux des Hébreux les moins grossiers, qui étoient capables de raisonner par principes, pour leur ôter toute idée de divinité, d'indépendance, d'immortalité, de raison même & d'intelligence dans les bêtes.

Pour assurance de sa promesse, Dieu dit : JE METTRAI MON ARC DANS LES NUES, ET IL SERA LE SIGNE DE

L'ALLIANCE QUI EST ENTRE MOI ET LA TERRE. L'Historien sacré ne veut pas dire là que cet Arc n'ait pas paru dans le Ciel avant qu'il y fut le signe de cette alliance. Son intention seule est de faire entendre que le signe naturel de la pluie doit devenir par l'institution divine, le signe surnaturel de la bonté de Dieu envers les hommes ; ainsi on ne doit pas suposer, comme le veut M....., que l'opinion commune fut jadis que l'Arc-en-Ciel n'avoit pas toujours été ; on a toujours pu savoir qu'il y étoit causé par la réfraction des rayons du Soleil dans les goutes de la pluie. S'il pleuvoit avant le déluge, l'Arc nécessairement devoit paroître dans les nues, y avoir été aperçu par Noé & ses enfans ; & ceux-ci en avoir instruit leurs fils & leurs petits-fils jusqu'à Moyse. Il paroissoit alors un signe naturel de la pluie ; on l'y devoit voir dans la suite, un signe surnaturel des miséricordes du Seigneur.

ET SUR LE SOIR LES DEUX ANGES

ARRIVÈRENT A SODOME, &c. M....à son ordinaire, veut encore que toute cette Histoire soit fabuleuse, il dit que tout ce qu'on lit dans l'Ecriture, de la violence des Sodomites, de l'offre que Loth leur fit de ses deux filles; de son inceste avec elles quand il fut ivre, du changement de sa femme en statue de Sel, a été imaginé par les hommes. Avec de semblables argumens, il est facile de tout combattre; il n'est pas d'Ecolier qui, à ce prix, ne puisse se donner pour Pyrrhonien, & nier des faits qui ont passé, & sur lesquels surtout se sont écoulés près de quatre mille ans. (*a*) Je lui remarquerai néanmoins que ceux qu'on vient de raporter, quelqu'extraordinaires qu'ils paroissent, ne doivent pas passer pour choses inventées; qu'il faudroit bien peu connoître le cœur de l'homme & ses penchans, pour ne pas le croire capable de ces excès; qu'il seroit à

(*a*) 3664 ans.

souhaiter que tous ces désordres révoltassent toujours autant dans la pratique; qu'ils semblent répugner quelquefois dans la spéculation. Le Sceptique prétendu a horreur des châtimens dont tous ces crimes furent suivis; voilà ses principes de Scepticisme. Je lui observerai que le Testament ancien avec tous les Livres qu'il renferme, dont Moyse a fait le Pentateuque, & conséquemment la Genese, est venu des premiers Juifs jusqu'à nous; que personne n'a plus d'intérêt que cette Nation de travailler à le décréditer; qu'elle en reconnoît malgré sa condamnation qu'elle y trouve la divine autorité; qu'il n'y a pas un Juif qui ne versât son sang pour sa défense. Quels sont les Livres profanes des Auteurs, même les plus fameux de l'antiquité, qui trouveroient aujourd'hui de tels défenseurs ? Disons-le, quelles sont les Histoires modernes même, je n'en excepte aucune, qui contredites dans plusieurs des faits qui y sont raportés, rencontreroient en nos jours

(113)

...s Apologistes parmi les ... de la république des ...onsieur, qui passez ...ncrédulité dans tous vos ...ages, trouvez au moins, s'il est possible désormais, dans votre imagination, des motifs plus puissans pour vous étourdir dans vos erreurs. Cela n'empêchera pas que vous ne nous fassiez compassion; que nous ne continuyions à pleurer sur vos ténebres; que nous ne vous invitions, comme l'Apôtre S. Jude le disoit autrefois à ceux qui avoient été apellés à la foi, à vous souvenir qu'après que le Seigneur eut sauvé le Peuple en le tirant de l'Egypte, il fit périr ensuite ceux qui furent incrédules, (b) que nous ne vous portions à croire que l'Histoire des Rois Juifs, & les Paralypoménes ont été dictés pas le saint Esprit.

M......, qui combat cette vérité, Ch. Histoire des Rois Juifs, & les Paralip. objecte que depuis que la Monarchie

(b) Epist. de S. Jude. v. 5.

H

chez les Juifs, succéda à la Théoc[ratie, on] peut dire que tous leurs Livres [ont été] écrits comme ceux des autres Natio[ns;] que Dieu n'a pas pris la peine, quel[le] indécence d'expression! de dicter lui-même l'Histoire d'un Peuple qu'il ne gouvernoit plus; que les contradictions qui se rencontrent très-souvent dans la chronologie & dans les faits raportés dans les Livres des Rois & des Paralipoménes, peuvent confirmer cette opinion; (a) qu'au reste si Dieu a toujours écrit l'Histoire des Juifs, il faut donc croire qu'il l'écrit encore, qu'ils sont toujours son Peuple chéri, qu'ils doivent se convertir un jour, &c. La futilité des autres objections de ce Chapitre, m'empêche de les raporter ici.

(a) Cet Ecrivain dans un des Chapitres suivans, intitulé : PHILOSOPHE, quand il entreprend de justifier Bayle sur la façon scandaleuse qu'on lui reproche de parler de David, dit: Bayle ne rendoit-il pas service au genre humain, en disant que Dieu qui a sans doute dicté toute l'Histoire Juive, n'a pas canonisé tous les crimes raportés dans cette Histoire ?

L'état présent des Juifs opiniâtres dans leur révolte envers Dieu, il est facile de s'en convaincre, est bien différent de leur ancien état. Il faut avoir les yeux aussi fermés à la lumiere que ces aveugles, pour les dire toujours le Peuple chéri. Dans ces tems de leur grandeur, gouvernés par les seuls Rois de leur Nation, Dieu ne cessoit de leur montrer une protection toute-puissante. Il avoit ordonné à un de ces Souverains de lui bâtir un Temple où il devoit écouter plus particuliérement leurs vœux. Ses Prophetes leur parloient sans cesse de sa part ; ils leur annonçoient ses volontés, s'ils y demeuroient fidèles, toutes leurs entreprises étoient heureuses, il étoit toujours à la tête de leurs armées pour combattre pour eux ; ils triomphoient de tous leurs ennemis. Quelles sont aujourd'hui victoires & la gloire des Juifs ? Où sont les priviléges qui les distinguent des autres Nations ? Quels sont en nos jours les Rois d'Israël & de Juda, nommés de Dieu même, où sont les Villes de leur domination ? Quels font leurs Prophetes ? Qu'eft devenu leur Temple ? Où font leurs Autels ? Difperfés & méprifés dans le monde entier, toute leur vie eft marquée au coin de cette défolation prédite par Daniel. (*a*) Dieu, dit Ofée, femble ne plus être leur Dieu, & l'on diroit qu'ils ne font plus fon Peuple. (*b*) Il ne paroît pas raifonnable après cela, de dire qu'il infpire encore leurs Ecrivains, s'il les infpira autrefois.

On remarque cette divine révélation dans tous les Livres des Rois, & des Paralipoménes, malgré la contradiction aparente dans la Chronologie, & dans quelques-uns des faits. Leurs Auteurs (*c*) y parlent avec une fidélité, une exactitude, un jugement, une fincérité, une droiture qu'on ne trouve dans

(*a*) Ch. 9.
(*b*) Ch. 1.
(*c*) S'il eft facile de fe convaincre que l'Auteur de l'Hiftoire des Rois, n'eft pas celui des Paralipoménes ; il n'eft pas fi aifé de découvrir leur nom.

aucun des Auteurs profanes. L'intention de celui qui a fait les derniers de ces Livres, n'étoit pas assurément d'écrire des annales où les événemens fussent plus circonstanciés, & plus liés que dans les Histoires précédentes, ni même de nous tracer un abrégé exact de tous les faits qu'on lit dans les Livres des Juges & des Rois : Il ne commence proprement son histoire qu'à la mort de Saül ; dans le regne de David, il a fait des omissions considérables : il dit peu de choses des Rois d'Israël, & des affaires de leur Royaume. Depuis la prise d'Amasias Roi de Juda, par Joas Roi d'Israël, il garde un profond silence sur tout ce qui regarde cet état : il ne parle pas aussi des dernieres guerres des Successeurs de ce Roi, qui furent suivies de la captivité des dix Tribus. Je croirois que son but principal étoit de montrer quelles étoient avant la captivité, les généalogies des familles, quelles étoient leurs fonctions, quels étoient leurs biens, afin qu'après le retour chacun rentrât, autant qu'il feroit poſſible, dans les rangs & les héritages de ſes Peres; de rapeller aux Juifs (& voici ce qui caractériſe l'Hiſtorien inſpiré) le nombre & l'eſpece des vaſes employés de tous les tems dans la maiſon du Seigneur, de les attacher à ſon temple, à ſon culte, à ſa religion; de marquer les Princes qui l'avoient cultivées & pratiquées, & ceux qui avoient autoriſé & ſouffert l'idolâtrie; ainſi il n'eſt pas extraordinaire que de deux Auteurs qui ne ſe copient pas, dont l'un écrit une Hiſtoire d'une maniere diffuſe, & l'autre d'une façon plus conciſe; il n'eſt pas extraordinaire, dis-je, que ces deux Ecrivains ne s'accordent pas dans le nombre, & même dans le détail des faits; que celui-ci ſuive une date, & que celui-là en ſuive une autre, en prenant les choſes de plus près ou de plus loin; & qu'ils fixent le commencement & la fin d'un regne ſelon des époques différentes, mais non pas contraires & contradictoires.

M......, accoutumé à vouloir réa- Ch Moyſe; liſer toutes les aparences de contradiction, emprunte ici le nom des Savans pour raporter celles qu'il prétend ſe rencontrer dans le ſentiment de ceux qui par une foi éclairée, attribuent le Pentateuque à Moyſe. Il fait dire à ces prétendus critiques qu'il eſt avéré par l'Ecriture même, que le premier exemplaire connu de ces Livres ſaints, fut trouvé du tems de Joſias ; que cet unique exemplaire fut aporté au Roi par le Secrétaire Saphan ; qu'entre Moyſe & cette aventure du Secrétaire, il y a onze cens ſoixante-ſept ans, par le comput Hébraïque ; que ces Livres trouvés ſous ce Roi de Juda, avoient été inconnus juſqu'au retour de la captivité de Babylone, & qu'il eſt dit que ce fut Eſdras, inſpiré de Dieu, qui mit en lumiere toutes les ſaintes Ecritures.

Il leur fait dire qu'aucun Prophete n'a cité les Livres du Pentateuque ; qu'il n'en eſt queſtion ni dans les Pſeaumes, ni dans les Livres attribués à Salomon, ni dans Jérémie, ni dans Isaïe, ni dans aucun Livre canonique des Juifs ; que les mots qui répondent à ceux de Genese, Exode, Lévitique, Nombres, Deutéronome, ne se trouvent dans aucun autre Ecrit reconnu par eux pour authentique.

Il leur fait dire que Moyse & tout son Peuple nés en Egypte, n'avoient pu parler dans un désert sauvage, que la langue du lieu de leur naissance ; que les Egyptiens alors ne se servoient pas encore de papiros ; qu'on gravoit des Hiéroglyphes sur le marbre & sur le bois ; que les Tables des Commandemens furent gravées sur la pierre ; que la gravure de cinq volumes sur des pierres polies, demandoit des efforts & un tems prodigieux.

Il leur fait dire qu'il ne paroît pas vraisemblable que dans un désert, où les Juifs n'avoient ni cordonnier, ni tailleur, où le Dieu de l'Univers étoit obligé de faire un miracle continuel pour conserver les habits & les vieux souliers, il se soit trouvé des hommes assez habiles pour graver les cinq Livres du Pentateuque sur le marbre ou sur le bois ; que quand on diroit qu'il s'est bien trouvé des ouvriers pour faire dans une nuit le veau d'or ; qui réduisirent ensuite l'or en poudre, opération impossible à la chymie ordinaire, non encore inventée ; qui construisirent le Tabernacle, qui l'ornerent de trente-quatre colonnes d'airain avec des chapiteaux d'argent ; qui ourdirent & brodérent des voiles de lin, d'hyacinthe, de pourpre, d'écarlate ; que cela même fortifie leur opinion, qu'il n'est pas possible que dans un désert où l'on manquoit de tout, on ait fait des ouvrages si recherchés ; qu'il auroit fallu commencer par faire des souliers & des tuniques ; que ceux qui manquent du nécessaire, ne donnent point dans le luxe, que c'est une contradiction évidente de dire qu'il y ait eu des fondeurs, des graveurs, des brodeurs, quand on n'avoit ni habits, ni pain.

Il leur fait dire que si c'étoit Moyse qui eût dit que Dieu punit l'iniquité des peres jusqu'à la quatrieme génération, comment Ezéchiel auroit-il osé dire le contraire ? Que si c'étoit lui qui eut écrit le premier Chapitre de la Genese, comment auroit-il été défendu à tous les jeunes gens de le lire ? Que c'eut été manquer de respect au Législateur; que si le Lévitique étoit son ouvrage, comment auroit-il pu se contredire dans le Deutéronome ? Que le Lévitique défend d'épouser la femme de son frere, que le Deutéronome l'ordonne; comment auroit-il parlé dans son Livre de Villes qui n'existoient pas de son tems ? Comment auroit-il dit que des Villes qui étoient pour lui à l'orient du Jourdain, étoient à l'occident ? Comment auroit il assigné quarante-huit Villes aux Lévites, dans un Pays où il n'y a jamais eu que dix Villes, & dans un désert où il a toujours erré sans avoir une maison ? Comment auroit-il prescrit des régles pour les Rois Juifs, tandis que non-seulement il n'y avoit point de Roi chez ce Peuple ; mais qu'ils étoient en horreur, qu'il n'étoit pas probable qu'il y en eût jamais, & que ceux qu'ils eurent ne vinrent qu'environ cinq cens ans après lui ?

Il leur fait dire que si Moyse eût lu la Genese & l'Exode aux Juifs, comment auroit-il pu leur dire, je vous ai fait sortir au nombre de six cens mille combattans de la terre d'Egypte sous la protection de votre Dieu ? Que ceux-ci lui auroient répondu, il faut que vous ayez été bien timide, pour ne nous pas mener contre le Pharaon d'Egypte, il ne pouvoit pas nous oposer une armée de deux cens mille hommes, jamais l'Egypte n'a eu tant de soldats sur pied, nous l'aurions vaincu sans peine, nous serions les maîtres de son Pays: Quoi ! le Dieu qui vous parle a égorgé, pour nous faire plaisir, tous les premiers nés d'Egypte, & s'il y a dans ce Pays-là trois cens mille familles, cela fait trois cens mille hommes morts en une nuit pour nous venger; & vous n'avez pas secondé votre Dieu ? & vous ne nous avez pas donné ce Pays fertile que rien ne pouvoit défendre ? Vous nous avez fait sortir de l'Egypte en larrons & en lâches, pour nous faire périr dans les déserts entre les précipices & les montagnes ! vous pouviez nous conduire au moins par le droit chemin dans cette terre de Chanaan, sur laquelle nous n'avons nul droit, & que vous nous avez promis, & dans laquelle nous n'avons pu encore entrer ? Il étoit naturel que de la terre de Gessen nous marchassions vers Tyr & Sidon, le long de la Méditerranée; mais vous nous avez fait passer l'Istme de Sues presque tout entier; vous nous faites rentrer en Egypte, remonter jusque par delà Memphis, & nous nous trouvons à Béel-Séphon au bord de la Mer rouge, tournant le dos à la terre de Chanaan, ayant marché quatre-vingt lieues dans cette Egypte que nous voulions éviter ; & enfin, prêts de périr entre la mer & l'armée de Pharaon! Si vous aviez voulu nous livrer à nos ennemis, auriez-vous pris une autre route & d'autres mesures? Dieu nous a sauvé par un miracle, dites-vous, la mer s'est ouverte pour nous laisser passer; mais après une telle faveur falloit-il nous faire mourir de faim & de fatigue dans les déserts horribles d'Ethan, de Cades-Barné, de Mara, d'Elim, d'Oreb & de Sinaï? Tous nos Peres ont péri dans ces solitudes affreuses, & vous nous venez dire au bout de quarante ans que Dieu a eu un soin particulier de nos Peres!

Il leur fait dire enfin que Moyse, dans la lecture des Livres susdits, arrivé à l'endroit de l'idolâtrie des Israélites, les enfans de ces hommes inconstans dans la Foi, lui auroient dit: Quoi! vous osez nous conter que votre frere Aaron fit un veau d'or pour nos Peres, quand vous étiez avec Dieu sur la montagne; vous qui tantôt nous dites que vous avez parlé à Dieu face à face, & tantôt que vous n'avez pû le voir que par derriere ! mais enfin vous étiez avec ce Dieu, & votre frere jette en fonte un Veau d'or en un seul jour, & nous le donne pour l'adorer; & au lieu de punir votre indigne frere, vous le faites notre Pontife, & vous ordonnez à vos Lévites d'égorger vingt-trois mille hommes de votre Peuple ? Nos Peres l'auroient-ils souffert ? Se seroient-ils laissé assommer comme des victimes par des Prêtres sanguinaires ? Vous nous dites que non content de cette boucherie incroyable, vous avez fait encore massacrer vingt-quatre mille de vos pauvres suivans, parce que l'un d'eux avoit couché avec une Madianite, tandis que vous-même avez épousé une Madianite ; & vous ajoutez que vous êtes le plus doux de tous les hommes. Encore quelques actions de cette douceur, & il ne seroit plus resté personne. Non, si vous aviez été capable d'une telle cruauté ; si vous aviez pu l'exercer, vous seriez le plus barbare de tous les hommes, & tous les suplices ne suffiroient pas pour expier un si étrange crime.

Mais toute cette multiplicité d'argumens, dont la plupart, je ne le dirai jamais assez, sont captieux, n'a été imaginée que pour faire illusion. Ce que je vais dire contre celui que le Contradicteur met à la tête de tous, est bien propre à en commencer la preuve ; il faut pour cela prendre les choses de plus haut que le Sophiste n'a fait, & remonter seulement jusqu'au Roi Josaphat. Ce Prince qui, selon la remarque de l'Ecriture, marcha toujours dans les premieres voies de David son aïeul, envoya la troisieme année de son regne, qui étoit l'an 3124, Benhaïl, Obdias, Zacharie, Nathanaél, Michée, tous premiers Seigneurs de sa Cour, (*a*) auxquels

(*a*) L'instruction des Loix de Dieu; suivant les regles ordinaires, est réservée aux Prêtres. *Labia enim Sacerdotis custodiunt scientiam, & legem requirent ex ore ejus.* * Mais dans les cas extraordinaires, il paroît que c'en étoit un ici. *Malach.* Josa- ch. 3. v. 7.

il joignit les Lévites, Séméias, Nathanias, Zabadias, Azaël, Sémiramoth, &c. & les Prêtres Elisama & Joram, pour instruire le Peuple dans les Villes de son Royaume : Dans toutes leurs instructions ils portoient avec eux le Livre de la Loi du Seigneur ; (*b*) il seroit assez inutile d'observer que ce Livre étoit donc déjà connu alors. Cent soixante-neuf ans après, Achaz regne sur Juda; il viole cette Loi sainte, se livre à l'idolâtrie, y porte ses Sujets, brise les vases de la Maison de Dieu, & en fait fermer les portes. (*c*) Manassès & Amon

phat venoit de faire abattre les bois consacrés aux Idoles, quiconque est capable d'instruire, est obligé de se prêter à cette importante fonction, & personne n'est plus propre à y réussir, après ceux qui en sont chargés d'office, que les Grands. Aussi peut-être que ces Seigneurs, étoient moins pour instruire, que pour apuyer les Prêtres dans leurs instructions, & pour obliger les Peuples à les recevoir avec respect, & à pratiquer ce qu'on leur enseignoit.

(*b*) 2. Liv. 1. Paralip. ch. 17. v. 3. 7. 8. 9.
(*c*) Idem. ch. 28. v. 24.

Amon qui lui succédérent, imitérent ses impiétés. Les Prêtres dans ces jours malheureux, dûrent craindre pour les saints Livres; ils les tirérent des côtés de l'Arche où ils restoient toujours par ordre de leur Auteur, (*d*) & les tinrent cachés. L'an trois mil trois cens quatre-vingt-quatorze, Josias monte sur le trône, dix-huit ans après, qui pouvoient être deux cens quatre-vingt-huit ans depuis Josaphat, il ordonne à Saphan de dire au Grand-Prêtre de faire fondre tout l'argent des offrandes, pour en payer les ouvriers employés aux réparations du Temple. Helcias qui venoit d'y découvrir, comme l'on transféroit cet argent, les Livres donnés par Moyse, (*e*) dit à ce Secrétaire: J'ai trouvé dans le Temple le Livre de la Loi du Seigneur; Saphan le reçut des mains

―――――――――――――

(*d*) *Postquam ergo scripsit Moyses verba legis hujus in volumine, atque complevit: præcepit Levitis qui portabant arcam fœderis Domini, dicens: tollite librum istum, & ponite eum in latere arcæ Domini Dei vestri.* Deut. ch. 31. v. 24, 25, 26.

(*e*) 4. Lib. reg. ch. 22. v. 3, 4, 5, 8, 9, 10.

du Grand-Prêtre, & de retour au Palais il le préſenta au Roi. (ƒ) D'après toutes ces choſes on peut dire que ce Livre original de Moyſe, dont les malheurs des tems avoient interrompu la lecture juſqu'aux jours de Joſias, trouvé dans le Temple par Helcias Grand-Prêtre, fut lu au Peuple, comme l'on avoit fait près de trois ſiecles auparavant ſous, le regne de Joſaphat.

Je dirai plus, il eſt conſtant, par les Samaritains qui habitent la Paleſtine & autres lieux, que ce Livre fut connu ſous le regne même de Jéroboam. Ces Peuples ont, auſſi-bien que les Juifs, les Livres de Moyſe écrits en Langue hébraïque, mais en anciens caracteres Phéniciens. (g) S'ils ne les ont pas

---

[ƒ] *Cumque efferent pecuniam quæ illata fuerat in templum Domini, reperit Helcias ſacerdos legis librum Domini, per manum Moyſi.* Cet endroit de l'Ecriture, & celui que j'ai cité un peu plus haut, ſuffiſent ſeuls pour détruire tous les raiſonnemens du Contradicteur.

(g) On croit que les caracteres anciens que je viens de nommer, qui furent communs aux Sa-

hérités de leurs Peres qui vivoient au tems du Schisme des dix Tribus, arrivé sous ce Roi idolâtre; de qui les ont-ils eûs? Il y auroit de l'absurdité à dire qu'ils les auroient reçus des Juifs leurs plus cruels ennemis; il auroit fallu pour cela, dans l'opinion du Contradicteur, qu'ils leur suposassent dans un tems, des Auteurs inspirés qu'ils n'auroient pas trouvé parmi eux. Ce n'est pas-là la marche de l'esprit de parti.

Les Samaritains qui ont conservé, comme l'on vient de remarquer, leurs caracteres anciens dans les exemplaires

maritains & aux Juifs avant la captivité de Babylone, sont ceux-là même dont le Législateur s'est servi. Depuis le retour les Juifs employérent indifféremment les anciennes lettres Phéniciennes, telles qu'on les voit sur des Médailles frapées par Simon Machabée; & les lettres Chaldéennes dont ils se servent communément aujourd'hui, & les lettres Grecques quand la Langue du même nom fut devenue celle de la Sirie. On trouve des Médailles d'Antigone, qui sont marquées de lettres Phéniciennes & Grecques; mais sous le grand Hérodore, les Médailles n'ont que des lettres Grecques.

qu'ils ont tiré des Ecritures de Moyse peuvent bien aussi ne pas les avoir divisés en plusieurs Livres. Cette division fut toujours purement arbitraire ; les Juifs assurent que toute la Bible n'étoit autrefois que comme un seul verset ; il est assez croyable que le partage qu'on y voit à l'entrée des cinq Livres, a été fait par Esdras. L'addition qu'on lit au commencement du dernier, le persuade. C'est une espece d'avant-propos ; ainsi il n'est pas étonnant que dans les Pseaumes, dans les Livres attribués à Salomon, dans Jérémie, dans Isaïe, dans tous les Prophetes qui sont venus avant, ou même quelque tems après Josias, il ne soit question ni de Genese, ni d'Exode, ni de Lévitique, ni de Nombres, ni de Deutéronome. Cette division n'avoit pas encore été faite ; les Juifs qui la suivent, donnent à chacun des cinq Livres de Moyse, le nom du mot Hébreu par lequel il commence : ils nomment la Genese *Beresith*, à cause qu'elle commence par ce mot ;

l'Exode est apellé véelle *Schemot* par la même raison, &c.

Je ne comprends pas pourquoi les Peres de ces Peuples, nés en Egypte, mais dans le sein de leur Nation, n'auroient pû, sortis de ce Royaume, parler dans un désert sauvage, d'autre idiome que l'Egyptien, & n'auroient pas pu être instruits de leur langue maternelle; à moins que le Contradicteur ne prétende que la naissance, quoiqu'au milieu des siens, dans une terre étrangére, soit un obstacle invincible à pouvoir aprendre d'autre langue que celle de cette terre. Je ne m'arrêterai pas à combattre une telle opinion; on en sent toute la fausseté, & l'expérience seule suffit pour la détruire. On voit des Négres dans toutes les Colonies, avoir des enfans qui parlent la langue des Européens, & le jargon du Pays de leurs Peres. Le Contradicteur dira qu'on pourroit empêcher ces Esclaves de parler à leurs enfans; à la bonne heure, qu'il nous fasse voir que les Maîtres des Israélites ont pris avec eux les mêmes mesures. Je ne le croirois pas plus en état de nous montrer comment Moyse lui-même pendant les quarante années qu'il est resté avec les Israélites, n'auroit pas pû sans un travail violent, graver sur la pierre les cent quarante-cinq à cinquante pages *infolio* que peuvent contenir ses Ecrits : ou à son défaut comment parmi près de six cens mille hommes propres à porter les armes, il ne se seroit pas trouvé assez d'ouvriers (sur-tout si l'on faisoit dans ces tems-là les graveurs comme l'on fait les écrivains à présent) à chacun desquels l'Historien sacré auroit dicté une phrase par jour, pour graver sans des efforts extraordinaires sur la pierre ou sur le bois le Pentateuque.

Les Arts & les Métiers étoient connus chez les anciens Peuples de l'Egypte, peut-être plus qu'ils ne le sont parmi nous. Cette Nation avoit fait dès ces tems-là les grands progrès que nous faisons seulement depuis quelques siecles dans les sciences. Les Egyptiens excelloient dans la broderie; ils entendoient la fonte des métaux, savoient la gravure, la chymie: ils dûrent en habiles Politiques, sur-tout sous le ministere de Joseph, enseigner toutes ces choses à ses freres. Il est de l'intérêt d'un Etat que les connoissances s'y perfectionnent; le grand nombre des Artistes & des Ouvriers, en est un moyen sûr. Les Juifs par-là devenus Fondeurs, Graveurs, Chymistes, Brodeurs, chacun selon son goût particulier; ils furent les maîtres pendant un très-longtems, après la mort même de ce premier Ministre de Pharaon, de se livrer tout entiers à leurs talens. Dans la suite des tems les Egyptiens qui avoient oublié les services de l'aïeul, purent ne pas laisser aux neveux cette grande liberté de travail de goût; ils s'acharnerent à oprimer des Régnicoles, qui servoient l'état depuis près de trois cens cinquante années. Après quatre-vingt ans passés dans l'esclavage le plus dur, Dieu fut touché de leurs maux. Il envoya, comme je l'ai déjà dit ailleurs, Moyse pour les tirer de servitude, avec ordre à son Peuple d'emporter de l'Egypte tous les vases d'or & d'argent qu'il pourroit, beaucoup d'habits ou vétemens ; de dépouiller la voisine, l'hôtesse, de ne pas même épargner l'ami. Un semblable butin fait sur une Nation riche, supose une grande quantité d'effets de tout prix & de toute espece, emportés par les Israélites, parmi lesquels dûrent se rencontrer bien des métaux (a), étoffes, outils même dont ils purent faire usage dans la gravure des Ecritures du Législateur ; dans la construction du Tabernacle, & de ses Ornemens ; dans la fabrication du Veau d'or ; & enfin de tous les Ouvrages que le Contradicteur combat sans fondement.

Il ne paroît pas plus fondé dans tous

(a) Sans parler des Pendans d'oreilles d'or que les Femmes & les Filles Juives, portérent à Aaron. Exod. ch. 32. v. 2, 3, 4.

les autres raisonnemens qui suivent : J'ai prouvé déjà, à l'article d'Ezéchiel, que ce Prophete qui, au Chapitre dix-huit de ses Prophéties, disoit que le fils innocent ne portera pas l'iniquité du pere, ne se trouvoit pas en contradiction avec Moyse, qui au Chapitre vingtieme de l'Exode, avoit dit que Dieu visitera l'iniquité des peres jusqu'à la troisieme & la quatrieme génération, sur les fils qui le haïront. De semblables redites décélent la passion ; elles sont des preuves non équivoques de l'acharnement de l'Auteur à avancer le faux.

Je n'ai pas à craindre le même reproche, quand je dirai que ce n'est pas manquer de respect à un Ecrivain inspiré même, d'interdire à une jeunesse étourdie, pour l'ordinaire superficielle, la lecture de certains endroits trop difficiles à expliquer de ses Ecritures, parce qu'on en apréhende l'abus. Ces précautions sages annoncent au contraire, une grande vénération pour les Livres de Moyse.

Il seroit à souhaiter, ne fût-ce que pour l'honneur ou la tranquillité même du malheureux Critique, que l'on pût remarquer dans quelques-uns de ses Ecrits, qu'il les respecte autant ; on ne le verroit pas toujours apliqué à chercher les occasions de les contredire : il conviendroit au moins ici, qu'il est libre à celui qui porte la Loi, d'y faire toutes les exceptions qu'il lui plaît ; que le saint Législateur qui, dans le Chapitre dix-huitieme du Lévitique, avoit défendu au frere d'épouser la femme de son frere, a pu dans le Chapitre vingt-cinquieme du Deutéronome, en excepter le cas où ce frere seroit mort sans enfans ; & ordonner qu'alors le frere vivant épouseroit la veuve du mort, pour lui susciter lignée. Je raporte exprès afin de faire apercevoir tous les torts du Contradicteur, les propres paroles de ces deux endroits de l'Ecriture : VOUS NE DÉCOUVRIREZ POINT CE QUI DOIT ÊTRE CACHÉ DANS LA FEMME DE VOTRE FRERE :

(139)

premiere Loi. LORSQUE DEUX FRERES DEMEURERONT ENSEMBLE, ET QUE L'UN D'EUX SERA MORT SANS ENFANT, LA FEMME DU MORT N'EN ÉPOUSERA POINT D'AUTRE QUE LE FRERE DE SON MARI, QUI LA PRENDRA POUR FEMME, ET SUSCITERA DES ENFANS: feconde Loi. Pour qu'il y eût contradiction entr'elles, comme le Contradicteur le dit affirmativement, ne faudroit-il pas que celui qui les a faites, y eût dit des choses diamétralement opofées, & que Moyfe qui dans la feconde Loi, a ordonné au frere d'époufer la femme de fon frere mort fans enfans, l'eut expreffément défendu dans la premiere, en fpécifiant les mêmes circonftances ? L'efprit fans contredit, de ces deux Loix eft : VOUS N'ÉPOUSEREZ POINT LA FEMME DE VOTRE FRERE PENDANT SA VIE, NI MÊME APRÈS SA MORT S'IL A DES ENFANS : VOUS L'ÉPOUSEREZ S'IL N'EN LAISSE POINT.

Les grands parleurs n'avancent pas

toujours des abſurdités ; ils diſent quelquefois des choſes raiſonnables. On convient avec le Critique, qu'il y a quelques endroits dans le Pentateuque dont Moyſe ne peut être l'Auteur. Ceux qui ont rédigé & revu ſes Ecrits, y ont fait les additions qu'on remarque dans la Geneſe, dans les Nombres, dans le Deutéronome ; elles ne peuvent faire preuve contre le ſentiment judicieux des Egliſes Juives & Chrétiennes qui lui attribuent ces Livres. Un Ecrivain qui auroit emprunté ſon nom pour donner ſes propres Ouvrages au Public, n'auroit pas été capable de placer le recit de ſa mort à la fin du dernier. La bévue eut été trop groſſiere ; elle n'eut pu faire prendre le change à perſonne. L'Impoſteur eut agi évidemment contre ſon deſſein particulier, & il ſe ſeroit déshonoré, & fait mépriſer parmi les Juifs.

Qu'importe que les fils & les petits-fils de ces Peuples ſortis de l'Egypte, dans la lecture que Moyſe leur auroit faite de la Genese & de l'Exode ; eussent pu après un grand nombre d'années de voyage fatigant, lui adresser tous les reproches que le Critique décrit avec tant d'art. Peintures frivoles & téméraires ! Le sage Conducteur des Juifs tenoit sa mission de Dieu même ; il conduisoit par-tout son Peuple, selon les ordres qu'il en avoit reçus. Les desseins de l'Etre suprême ne sont pas ceux des hommes, il ne veut pas que cette multitude d'esclaves combattent les Egyptiens inférieurs en nombre qui les poursuivent. Son intention est de s'attacher Israël par les prodiges qu'il opere en sa faveur, & d'empêcher qu'il ne puisse attribuer à ses forces, la défaite de ses ennemis. Les Israélites méprisent ces bienfaits ; ils se répandent en murmures continuels. Dieu, pour les punir, les condamne à errer pendant quarante ans dans les déserts, & remet au tems du successeur de Moyse à les en faire sortir ; la route qu'il leur fait tenir, souvent entre les précipices

& les montagnes, dans un pays ennemi, paroît dangereuſe : il eſt à leur tête le jour & la nuit, il ſaura prévenir tout accident fâcheux.

De tous les traits d'ingratitude des Iſraélites comblés, comme l'on peut voir, des faveurs du Tout-Puiſſant, leur infidélité pendant la courte abſence de Moyſe, occupé avec Dieu de leurs plus chers intérêts, eſt ſans contredit un des plus monſtrueux. Ces Peuples impatiens de ne pas voir leur Conducteur avec eux, s'aſſemblent tumultuairement contre Aaron, & lui demandent des Dieux pour être à leur tête. Que répondre à une multitude de furieux que l'on ſait capables de ſe porter aux derniers excès ? Il condeſcent à leur faire fondre un Veau d'or ſur le modèle aparemment de l'Apis des Egyptiens. Si cette action eſt criminelle aux yeux de Dieu, elle ne paroît pas au moins inexcuſable devant les hommes. Elle n'a pas été faite par vice de cœur. Le manquement ſeul de fermeté l'a produite. Moyſe, dans ces jours d'abomination, descend de la montagne par ordre de Dieu; il arrive au camp, voit l'Idole; sa colere s'enflamme... Il brise les Tables de la Loi, réprimande son frere, il en écoute après les raisons qui peuvent servir à l'excuser; (a) & fait passer au fil de l'épée 23000 de ces hommes infidèles: Ce carnage & un second plus grand encore, que Moyse commande dans un autre tems pour cause de la fornication de Zambri Israélite, avec la fille d'un Prince de Madian, avoient été ordonnés de Dieu. Il n'eût servi de rien aux malheureuses victimes de ses vengeances de vouloir y résister; & ceux de leur Nation que leurs malheurs auroient intéressés, auroient eu tort de reprocher au Législateur de s'être allié lui-même avec une Madianite. La Loi seule rend les hommes criminels. Quand Moyse épousa la fille de Jéthro, celle de ne

___

(a) *Ne indignetur Dominus meus: tu enim nosti populum istum, quod pronus sit ad malum.* Exod. ch. 33. v. 22.

pas s'allier avec les Nations étrangères, n'avoit pas encore été portée. Je rends au Contradicteur toute la justice que je crois lui devoir ; il connoît le vuide de plusieurs de ses raisons, il les écrit toutefois, il se persuade qu'elles pourront toujours plaire à quelques-uns de ses Lecteurs peu attentifs.

Ch. Miracle. Celles qu'il emploie, à ce qu'il dit d'après les Physiciens, pour combattre l'existence ou la possibilité même des Miracles, ne paroissent guéres plus solides. Un Miracle, quoiqu'en disent ces Messieurs, n'est pas la violation des loix mathématiques, divines, immuables, éternelles. C'est le définir mal pour en tirer des conséquences fausses; il est au contraire l'exécution de ce decret éternel que Dieu forma quand il prescrivit des Loix à la nature. (*a*) Toute infraction des loix physiques suppose

(*a*) Il voulut que dans cet ordre constant que nous admirons, il y auroit pour remplir les vues de la sagesse infinie, dans tel & tel tems de ces exceptions surprenantes que nous apellons miracles.

pose quelque opération de même nature qui en violeroit la disposition ; il ne peut y arriver rien de semblable quand un Miracle qui est un acte surnaturel s'opere ; le cours de ces Loix est seulement interrompu alors. Leur Auteur, en les établissant, s'est réservé le droit de le suspendre dans telle & telle circonstance qu'il a prévu. Ces momens arrivent, il remplit ses desseins éternels. Ses loix mathématiques & immuables n'en sont pas violées ; il ne s'y fait aucun changement ; leur beauté est toujours la même ; son ouvrage n'est pas défiguré.

Il faut l'assurer. L'éternelle Sagesse ne fait certainement rien sans raison, elle seule peut savoir de quel prix nous sommes à ses yeux ; elle se sert des événemens surnaturels, soit qu'elle les opere par elle-même, soit qu'elle emploie à cet effet, le ministere de ses créatures, pour manifester & autoriser la vérité devant tous les hommes en général, & plus particuliérement en-

K

core devant ceux qui ne la connoissent pas.

Elle ne tient pas, avant de les produire, le langage absurde que le Contradicteur voudroit lui prêter; je ne le répéterai pas, il ne paroît d'aucun intérêt; j'observerai seulement que cet Ecrivain dangereux continue d'argumenter sur de faux principes; qu'après une définition vicieuse, il ne peut faire que de mauvais raisonnemens; que quand Dieu fait des Miracles, il ne change rien à ses éternelles idées, ni à ses desseins immuables, qu'il exécute dans le tems, ce qu'il avoit déterminé dans l'éternité.

Les prodiges raportés des filles du Grand-Prêtre Anius, d'Athalide, d'Esculape (a), d'Hercule, d'Heres, &c.

___

(a) On pourroit dire toutefois que les guérisons & résurrections miraculeuses que l'Histoire fabuleuse attribue à cet habile Médecin & Chirurgien des Grecs, sont tout au plus des cures de la nature de celles que le célèbre le Cat opere tous les jours parmi nous. Je ne puis le taire, tous les quais de Paris & de la Province, sont tapissés de portraits d'Ecrivains

sont des fictions imaginées sur le modèle des vrais prodiges qu'on lit dans nos Livres saints. Leur autorité ressemble à celle des Divinités qui y présidoient; ils ne pourroient tout au plus, trouver de crédit que parmi ceux qui se diroient les partisans du Polytéisme.

Les Miracles de Jesus-Christ & des Apôtres, sans vouloir assurément établir aucune comparaison ; ont rempli toute la terre d'admiration & d'étonnement ; leur notoriété a été publique, leur vertu a paru surnaturelle, & les avantages que la Religion & les hommes en ont retirés, ont été subites & durables. Nous les croyons, parce que nous leur trouvons tous ces caractéres des vrais Miracles ; parce que nous les lisons dans l'Evangile ; & par-dessus tout, parce que l'Eglise, qui ne sauroit

---

pernicieux & méchans ; & chose étrange ! on ne voit nulle part celui de ce Savant utile à la Patrie, à qui la Grece jadis eût décerné les honneurs de l'apothéose. France éclairée aujourd'hui ; quelles sont tes maximes !

se tromper, les croit, & nous les propose à croire.

Les autres événemens qui semblent surnaturels, raportés dans les Légendes, si nous leur remarquons des motifs autentiques de crédibilité, tels que nous les trouvons dans ceux qu'on lit dans les Confessions & la Cité de Dieu de Saint Augustin, nous les croyons pieusement.

Tous n'ont pas été opérés dans des siecles d'ignorance, plusieurs ont été faits sous les yeux des Grecs & des Romains, Peuples éclairés. Le Christianisme compte parmi ses Prosélytes, des Philosophes de ces deux Nations : Ces grands Hommes convertis à la Foi de Jesus-Christ, en ont vu les courageux Défenseurs exposés aux bêtes les plus féroces, livrés à toute sorte de tourmens, à ceux du fouet, de la roue, du feu, triompher de tous ces suplices, & consommer leur glorieux martyre sous le glaive meurtrier des bourreaux. La main toute-puissante qui ferma la gueule des lions, qui arrêta l'activité des flammes dévorantes, ne pouvoit-elle pas émousser le tranchant de la hache de l'Exécuteur, & empêcher de porter le coup mortel ; il eut fallu pour convaincre le prétendu Sceptique, que Dieu refusât de couronner ses propres dons, & qu'il manquât à la promesse qu'il a faite, soit par lui-même, soit par ceux qu'il inspiroit, d'accorder la couronne de gloire à ceux qui auroient légitimement combattu.

Eh ! toute la Nature est soumise à la volonté de son divin Auteur. Les grandes merveilles raportées dans l'un & dans l'autre Testament, en sont des preuves certaines. Il fit autrefois entendre sa voix aux élemens, & ces êtres inanimés lui obéirent, il leur parlera en nos jours, il en sera écouté. Saint Paul, Apôtre des Gentils, avoit dit avant Saint Chrysostome & Saint Augustin, que les Miracles n'étoient absolument nécessaires qu'aux Infidèles ; si l'on en excepte les Sceptiques prétendus de notre siecle, & leurs partisans, quelle en pourroit être aujourd'hui la nécessité parmi nous ? Je ne crains pas de le dire, Moyse, Jesus-Christ, les Apôtres, les Disciples & autres saints Personnages, reparoîtroient, ils opéreroient les choses surprenantes, telles qu'on les vit à l'établissement des religions Juives & Chrétiennes, & même plusieurs siecles après, ces Messieurs n'en seroient pas plus soumis. Ils objecteroient toujours l'impossibilité prétendue des Miracles, & ils n'en donneroient point d'autre raison, au moins plus solide.

Les Faunes & les Satyres dont parle Saint Jérôme dans la Vie de Saint Paul Hermite, n'ont rien qui doivent faire crier à la puérilité, ni au prodige; ils pourroient être de ces animaux que les Européens nomment hommes de bois, & que l'on voit à la Côte de l'Est & du Nord de Madagascar. Ces sortes d'animaux ont quelque chose de la figure humaine, sont moins laids que les singes, marchent le plus souvent sur les pattes de derriere, s'aprivoisent facilement, font mille petits tours agréables, & peuvent aprendre les petits jeux d'enfant. Le fameux de Lally, Commandant Général des troupes dans l'Inde, en avoit un à Pontichéri; il s'amusoit un jour, & parloit peut-être avec cet animal, Milord Inisquiline arrive, il lui en vante les gentillesses; cet Officier un peu caustique en convint, & lui ajouta qu'il seroit très-propre à amuser un prisonnier à la Bastille. Vous n'avez jamais, lui repliqua ce Général, que des choses disgracieuses à me dire. Saint Jérôme n'est pas le seul Pere qui a cru les Histoires fabuleuses des Faunes & des Satyres. Saint Athanase dans la Vie de Saint Antoine, a montré la même crédulité: Ces deux Ecrivains, d'une bonne judiciaire & d'une grande érudition d'ailleurs, avoient probablement suivi en cela, des traditions ou mémoires faux.

M...... qui craint aparemment de Ch. Paul. trouver ces sortes d'écueils jusques dans les Ecrits les plus autentiques, n'ose se décider de lui-même sur le lieu de la naissance de S. Paul, ni sur sa qualité de Citoyen Romain : il demande à être instruit sur ces deux chefs, & sur quelques autres non moins importans ; je vais essayer de le satisfaire : Saint Paul, selon l'aveu qu'il en a fait lui-même tant de fois, est né à Tharse en Cilicie dans l'Asie mineure. Les sentimens paroissent partagés sur le tems où cette Ville acquît le droit de Bourgeoisie romaine ; les uns prétendent que ce fut sous Jules-César, pour avoir suivi son parti dans la victoire qu'il remporta sur ses Compétiteurs ; les autres disent qu'on n'en voit aucun vestige sur les Médailles avant le regne de Caracalla ou d'Heliogabale, & soutiennent que ce ne fut que plus de deux cens ans plus tard sous l'un ou l'autre de ces deux Empereurs. (e) Mais quoiqu'il en soit de cet-

(e) Je crois que ce dernier sentiment est sans fondement sûr. Le Contradicteur au moins dans sa Critique, n'en parle pas ; il est vrai

te diversité d'opinions], qui tendroit à faire douter si Saint Paul fut jamais Citoyen Romain, il est constant qu'il avoit cette qualité ; comme il le dit, par sa naissance. Le droit de Bourgeoisie Romaine avoit déjà été accordé alors à tous les habitans de Tarse, où il avoit seulement été donné à sa famille en particulier ; cette alternative est nécessaire : sans cela comment cet Apôtre auroit-il pu prendre, sans qu'on lui disputa, une qualité qui le distinguoit de ses Compatriotes, tous ses ennemis déclarés, devant le Centenier & le Tribun Juifs ; devant un peuple qui l'avoit vu pendant près de vingt ans à Jérusalem, dont plusieurs d'entr'eux avoient été ses Condisciples ; devant Felix & Festus Gouverneurs Romains, qui tenoient catalogue de leurs Privilégiés en Judée, devant Agrippa qui en étoit Roi, qui devoit connoître ceux

qu'il semble en désigner un. Quel est-il ? Il est facile de juger de son authenticité, puisqu'il ne le raporte pas.

de ſes ſujets qui avoient droit d'apel à Céſar. Je ſupoſe que les François faſſent la conquête de la Pruſſe ; qu'ils accordent pour des ſervices qu'on leur auroit rendu, le droit de Bourgeoiſie Françoiſe à quelques Villes ou Familles de ce Royaume ; qu'un Pruſſien enſeigne une Doctrine qui ne ſeroit pas celle de ſa Nation, qu'on l'arrête, qu'on veuille le traiter en criminel, qu'il ſe diſe Citoyen François ; qu'il en apelle à LOUIS QUINZE ; ſi ſes qualités ne ſont pas connues, conſentira-t-on à ſon apel ſans avoir examiné auparavant s'il a ce droit ? qui oſeroit répondre affirmativement ? Les Romains & les Juifs étoient ici je le penſe, auſſi ſages que le ſont les François & les Pruſſiens.

Il faut l'être bien peu pour mettre en parallele les vérités renfermées dans nos Livres Saints, avec les impoſtures des Livres des hérétiques. Les Ebionites qui firent la traduction du Livre des Actes de Grec en Hébreu, le corrompirent ; ils y mêlérent plufieurs fauſſetés contraires à la mémoire des Apôtres Saint Jacques, Saint Pierre & Saint Paul. Le refus de la fille de Gamaliel à Saul, qui la demande en mariage, & ſa vengeance en ſe faiſant Chrétien, eſt une de ces impiétés fabuleuſes; elles ont été toutes ſuffiſamment réfutées par S. Epiphane, dans ſon Livre des Héréſies, Chapitre 30, Section 16. Il paroît ſurprenant que le Contradicteur qui en convient, propoſe ſi l'on ne pourroit pas humainement croire auſſi-tôt ce refus prétendu le motif qui auroit porté Saul à embraſſer la Religion Chrétienne, que la grande lumiere en plein midi, qui le renverſa de ſon cheval, & la voix céleſte qui lui cria: Saul, Saul, pourquoi me perſécutes-tu ? Avant d'entreprendre de réſoudre ce problême téméraire, ne pourroit-on pas à tous égards demander s'il peut avoir lieu ? Si Gamaliel que l'on croit pere d'Abibas & de Sédémias, a eu auſſi des filles ? Quel eſt leur nom, celui de leur mere ? On ne les voit nommées nulle part : Supofons-le mari & pere de deux fils, & fi l'on veut d'une fille. Je penfe qu'il n'eſt pas probable qu'un Juif, & un Juif entiérement attaché à la Secte des Pharifiens, ait été capable de la quitter, de renoncer à la Religion de fes peres, à fa Patrie, à fes biens, à fon honneur même, à fes parens, à fes amis, pour fuivre une Religion qui ne lui promettoit que des humiliations, des mortifications, des oprobres, des croix, des tourmens, une mort ignominieufe, dans le deffein de fe venger d'un homme qui ne l'auroit pas voulu avoir pour gendre. L'amour défordonné des créatures peut porter à de grands excès : on n'en n'a vu malheureufement que trop d'exemples ; mais il n'opéra jamais de prodiges, au moins de la nature de celui dont nous parlons. Quand on conviendroit que dans toute autre Hiſtoire profane, le refus de Gamaliel fembleroit plus naturel qu'une voix célefte ; on ne pourroit en rien conclure ; ce n'est pas ce dont il est question ici, disons-le. Les Ebionistes ennemis des maximes humiliantes de Jesus-Christ, n'avoient que des sentimens de mépris pour sa personne; il n'est point étonnant qu'ils aient cherché à donner du ridicule aux actions les plus saintes de ses défenseurs.

La haine furieuse & l'amour indiscret portent également à mentir, on dit le faux, on l'écrit même souvent par l'un ou l'autre de ces deux motifs. Les Actes de Sainte Thécle, ses Voyages, l'Histoire du baptême du Lion, ont toujours passé pour apocryphes : ils furent imaginés & ajoutés aux vrais Actes, dit Saint Jérôme, (*b*) par un certain

___

(*b*) *Sanctus Hieronimus in catalogo scriptorum Ecclesiasticorum in luca ait : periodos Pauli & Theclæ, & totam Leonis baptisati Fabulam, inter apocryphas Scripturas computamus. Quale enim est, ut individuus Comes Apostoli inter cæteras ejus res hanc solum ignoraverit ? Sed & Tertullianus vicinus eorum temporum, refers presbyterum quemdam convictum apud Joannem, quod author esset libri, & confessum se hoc Pauli amore fecisse, & ob id excidisse.*

Prêtre d'Asie. Saint Jean l'Evangéliste, au raport de Tertullien, le convainquit de cette imposture grossiere; il lui fit avouer qu'il l'avoit faite par amour pour Saint Paul.

Quand il s'agit des intérêts de Dieu, rien ne doit empêcher d'en prendre la défense. Cet Apôtre est louable, d'avoir repris Saint Pierre, qui ne marchoit pas droit selon la vérité de l'Evangile, sa dissimulation devant les Circoncis qu'il craignoit d'offenser, pouvoit être un sujet de scandale aux Gentils convertis nouvellement. Saint Paul apréhende ces événemens fâcheux. Il lui résiste en face, remarque Saint Augustin, avec une juste liberté, (a) & lui

(a) Porphyre accusoit S Pierre d'erreur, & S. Paul d'orgueil, Saint Augustin prétendoit qu'on pouvoit lui fermer la bouche & à ses semblables; en disant que Saint Paul avoit repris Saint Pierre avec une juste liberté; & que Saint Pierre avoit reçu sa répréhension avec une sainte humilité. EST ITAQUE LAUS JUSTÆ LIBERTATIS IN PAULO, ET SANCTÆ HUMILITATIS IN PETRO. Aug. ep. 82. p. 22. nov. édit.

fait ce judicieux reproche ; si vous qui êtes Juif, vivez à la maniere des Gentils, & non à celle des Juifs, d'où vient que vous contraignez les Gentils de judaïser ? Ou ce qui est le même, si vous, qui êtes Juifs, ne faites pas les œuvres de la Loi que vous croyez ne pouvoir justifier l'homme, pourquoi en feignant de les faire, y portez-vous les Gentils ? L'intention de Saint Paul, dans cette conjoncture, n'étoit pas certainement, comme on peut le voir par la suite du second Chapitre, verset dix-septieme de son Epitre aux Galates, de condamner, sur-tout dans les Juifs, la pratique de la Loi ancienne, autorisée par le Sauveur lui-même; il prétendoit seulement empêcher qu'on n'en fit une obligation à ces nouveaux convertis, qu'ils ne fussent assez foibles pour s'y soumettre; qu'on ne la regardât comme nécessaire, ou utile même au salut. Il vouloit enseigner, que c'étoit par la foi seule en Jesus-Christ, par sa Grace, par la Charité, par la Pénitence, par le Baptême qu'on pouvoit entrer dans le Royaume de Dieu.

Plusieurs d'entre les Juifs devenus Chrétiens, toujours zèlés pour la Loi de Moyse, qu'ignoroient tous ces justes & vrais motifs de la courageuse résistance de l'Apôtre, en inférérent qu'il detournoit ceux de leur frere, qui étoient avec les Gentils, des observances cérémonielles ; ils s'en plaignirent à Jacques & aux autres Prêtres assemblés. Saint Paul pour les détromper, saisit l'occasion de quatre hommes qui avoient fait un vœu, & fut le lendemain avec eux se purifier dans le Temple.

Les Juifs en prirent occasion de le persécuter, & de lui imputer plusieurs choses fausses ; il crut ne devoir répondre à toutes ces calomnieuses accusations, que par une ironie. Il dit à ses Juges qu'il étoit innocent de tout ce dont on l'accusoit ; qu'il avoit comparu devant le Sanhedrin à Jérusalem, qu'il n'y avoit rien déclaré ; dont on pût lui faire un crime, si ce n'étoit qu'on qu'on voulût lui en faire un de cette parole qu'il y avoit dite hautement : c'est à cause de la résurrection des morts que vous me condamnez aujourd'hui. Il insinuoit par cette raillerie fine, qu'Ananie & les autres Sénateurs, tous Saducéens qui ne la croyoient pas, avoient eu pour ce sujet, quelques jours auparavant, un grand débat avec les Pharisiens leurs adversaires, & faisoit entendre avec assez de raison, à Félix & à Lysias, quoiqu'il n'en fut pas question dans les dépositions des Juifs Pharisiens & Saducéens, que c'étoit pour cela même que ces derniers le poursuivoient avec tant d'acharnement & de fureur.

Il eut raison aussi d'écrire aux Corinthiens, qu'il ne pardonneroit pas à ceux qui avoient péché auparavant, ni à tous les autres. Cet Apôtre, comme on peut le voir par les paroles de sa seconde Epitre à ces peuples, (*b*)

_____

(*b*) Ch. 12. v. 14. 20. ch. 13. v. 1. 2.

avoit déjà fait deux fois le voyage de Corinthe. Il avoit vu toujours les habitans de cette Ville, livrés aux plus grands désordres, buvans sans remords l'iniquité comme l'eau ; il se souvenoit de leur opiniâtre résistance à tous les avis salutaires qu'il s'efforçoit alors de leur donner. Il craint que malgré ses exhortations & ses menaces réitérées, ils ne soient encore aussi criminels ; il les avertit avec force qu'il est prêt à aller les voir une troisieme fois ; que s'il ne les trouve pas corrigés, tout se jugera sur le témoignage de deux ou trois témoins ; qu'il ne fera grace à aucun des coupables ; qu'il ne pardonnera ni à ceux qui avoient péché auparavant, ni à tous les autres pécheurs attachés à leurs déréglemens. Il n'y a rien dans tout cela qui ne soit dans l'ordre de la charité, & de la sagesse. Jesus-Christ lui-même chez Saint Matthieu (*c*) prescrit cette regle de conduite à ses Mi-

(*c*) S. Matth. ch. 18. v. 15. 16. 17.

nistres. Il veut qu'on reprenne son frere qui est coupable, trois fois, en particulier, en présence de deux ou trois témoins, devant l'Eglise ; avant de le traiter comme un Païen & un Publicain.

Saint Paul fit bien aussi d'écrire aux mêmes Peuples : N'avons-nous pas le droit de vivre à vos dépens, & de mener avec nous une femme ? On ne doit pas juger de l'esprit du neuvieme Chapitre de la premiere Epitre de cet Apôtre aux Corinthiens, par le quatrieme & le cinquieme verset qui en sont détachés à dessein ; on ne peut bien le connoître qu'en examinant avec attention, quels ont été dans ce Chapitre, & même dans le précédent, (*d*) les motifs & l'objet de l'Apôtre. Il paroît qu'il avoit été consulté par les principaux de ces Peuples attachés à l'Eglise de Corinthe, sur le sujet des viandes

(*d*) Et si l'on veut dans le douzieme Chapitre de la seconde Epitre de Saint Paul aux Corinthiens, v. 14, 15, 16, 17, 18.

immolées aux Idoles, & fur l'affiftance aux feftins des Gentils. Il leur dit qu'à la vérité, l'idole n'étoit rien, que la viande qui lui a été offerte, n'en n'avoit contracté ni fouillure, ni confécration ; que toutefois on n'en devoit jamais ufer fi les foibles s'en fcandalifoient, ou fi les Païens s'en prévaloient ; que fi lui qui étoit Apôtre, & qui en cette qualité, étoit autorifé par la Loi de Moyfe, par les paroles de Jefus - Chrift, par l'exemple de ceux à qui il étoit affocié dans l'Apoftolat à fe nourrir à leurs dépens, & à mener avec lui une femme qui eft fa fœur *en Jefus-Chrift*, avoit mieux aimé fe réduire à vivre du travail de fes mains ; s'il ne leur avoit jamais été à charge ; s'il avoit fouffert au contraire, toutes fortes d'incommodités pour n'apporter aucun obftacle à l'Evangile de Jefus-Chrift ; qu'eux, à plus forte raifon, devoient s'abftenir de manger des viandes immolées aux Idoles. Tout Lecteur qui réfléchira un peu, doit découvrir à la premiere lecture des Chapitres fufdits, ce vrai fens des deux verfets que le Contradicteur met en queſtion. On ne peut pas croire, ſans commettre la judiciaire d'un des premiers génies de l'Europe, qu'il lui auroit échapé ; il vouloit aparemment par-là, rendre ſuſpects à ceux qui ſe font un devoir de le croire ſur ſa parole, le déſintéreſſement & la chaſteté de l'Apôtre.

Son raviſſement au troiſieme Ciel, & le troiſieme Ciel lui-même font auſſi pour cette fois à juſte titre, pour le critique deux choſes très-obſcures. Il voudroit être inſtruit de la nature de l'une & de l'autre ; ſavoir ce que l'on entend par raviſſement de Saint Paul au troiſieme Ciel ; & qu'eſt-ce qu'un troiſieme Ciel ? Les Hébreux ne diſtinguoient pas dans le Ciel différens cercles, à la maniere des Aſtronomes Grecs. Ils ne connoiſſoient que trois Cieux : le Ciel aérien, où ſont les nues, où les oiſeaux volent, & où ſe forment les pluyes : le Ciel où ſont les Aſtres : le Ciel où ſont les

Anges, & Dieu même. Le premier est apellé dans l'Ecriture simplement le Ciel. Le second, le Firmament; & le troisieme, le Ciel des Cieux, ou le Paradis, qui est le séjour éternel de l'Etre suprême, le Royaume de tous les bénits du Pere, (e) la gloire ineffable des Esprits célestes, la demeure ou maison à plusieurs places pour toutes les ames justes (f) dans laquelle l'Apôtre fut ravi; (g) il n'a pu lui-même nous déclarer si ce fut avec son corps ou sans son corps, de maniere que son ame en ait été entiérement séparée par une absence réelle, & comme par une mort passagere, ou en corps & en ame, ou enfin par une simple extase dans laquelle il auroit été élevé au-dessus des sens, & de toutes les choses sensibles & corporelles. Dieu seul le sait; il y auroit de la témérité à vouloir décider ce qu'il

(e) S. Matth. ch. 25. v. 34.
(f) S. Jean, ch. 14. v. 2.
(g) Seconde Epitre de Saint Paul aux Corinthiens, ch. 12. v. 2. 3. 4.

a voulu absolument que nous ignoraſſions.

Il paroît plus facile de dire, & de prouver même que Saint Paul fit bien de circoncire ſon diſciple Timothée après avoir écrit aux Galates : ſi vous vous faites circoncire, Jeſus-Chriſt ne vous ſervira de rien. Pour pouvoir juger ſainement de certaines actions, je penſe qu'il faut, avant toute choſe, bien en étudier les motifs, l'objet, le tems, les lieux, les circonſtances. Les Galates étoient un Peuple de l'Aſie mineure, qui ne connoiſſoit point Dieu, & étoit aſſujetti à ceux qui n'étoient point véritablement Dieux. (*h*) Ils avoient été depuis peu convertis par l'Apôtre à la Foi de Jeſus-Chriſt; jouiſſoient à peine de ce précieux avantage, qu'ils virent paroître au milieu de faux Docteurs. (*i*) Ces hommes ennemis de toute paix & vérité les ſédui-

(*h*) Epitre de Saint Paul, aux Galates, ch. 4. v. 8.

(*i*) Idem. v. 17.

firent, remarque S. Augustin, (*l*) & leur persuadérent que l'Evangile ne les sauveroit pas, à moins qu'ils ne se fissent circoncire, & qu'ils ne se soumissent à toutes les autres pratiques de la Loi. Déjà ils en faisoient les œuvres, & ils observoient, comme les Juifs, les jours & les mois, les saisons & les années. (*m*) Quand Saint Paul fut instruit de ce changement subit dans sa doctrine, il leur écrivit qu'il apréhendoit d'avoir peut-être travaillé en vain parmi eux; qu'il y avoient des personnes qui feignoient de leur être attachés pour se les attacher, & les séparer de lui; qu'ils devoient demeurer fermes dans cette liberté que Jesus-Christ leur avoit acquise, & ne point se remettre de nouveau sous le joug de la servitude; qu'il les assuroit, lui Paul, que s'ils se

―――――――――

(*l*) S. Epiphane Héres. 28. & Philastre Héres. ch. 36. disent que les disciples de Cerinthe, furent les Auteurs de tous les troubles qui arrivérent ici au sujet de la Circoncision.

(*m*) Epitre de Saint Paul, aux Galates, ch. 4. v. 9. 10.

faifoient circoncire, Jefus-Chrift ne leur ferviroit de rien ; que tout homme qui le feroit, feroit obligé de garder toute la Loi ; que s'ils vouloient être juftifiés par elle, ils n'auroient plus de part à Jefus-Chrift, & feroient déchus de fa grace. (*n*) Toutes ces chofes, & tant d'autres de la plus ardente charité, que je paffe, & qu'il feroit trop long de raporter ici, prouvent invinciblement que l'Apôtre ne défendit abfolument aux Galates la Circoncifion, & toutes les obfervations de la Loi de Moyfe, que parce qu'il craignoit que ces Peuples ne les cruffent d'une néceffité auffi grande pour fa juftification que le Baptême, & la pratique des maximes de l'Evangile ; & qu'ils ne négligeaffent par-là peu à peu les œuvres de celui-ci pour faire les actions de celle-là. En Jefus-Chrift la Circoncifion & l'Incirconcifion, felon lui, ne fervent de rien, *& ne font rien quand on n'en abufe pas dans la créance*, mais la Foi

_____
(*n*) Id. v. 11. 17. & ch. 5. v. 1. 2. 3. 4.

qui est animée de la Charité. (o)

Il fit circoncire son disciple Timothée, parce que les freres qui étoient à Lystre & à Icone, lui en rendirent un témoignage avantageux, (p) & qu'il connoissoit la sagesse de ses sentimens, & leur conformité avec ceux des Apôtres; parce qu'il étoit persuadé que les Juifs de ces lieux-là n'ignoroient pas que son pere étoit Gentil, quoique d'une mere Juive, (q) & que d'ailleurs ils n'en tireroient pas, comme auroient pu faire en cas pareil les Gentils régénérés, des conséquences fausses; parce qu'il savoit que la délicatesse de la plupart des Hébreux convertis nouvellement, étoit telle qu'ils n'auroient pas voulu avoir de commerce avec un incirconcis, & qu'ils ne lui auroient pas permis de paroître, beaucoup moins de parler dans leurs Synagogues; parce qu'il vouloit ôter à ces circoncis fidèles, tout prétexte de s'éloigner de lui,

(o) Ep. de S. Paul, aux Gal. ch. 5. v. 6.
(p) Act. ch. 16. v. 2.
(q) Id. v. 3.

de refuser de l'écouter, de converser avec lui; parce qu'il voyoit que l'utilité de la Religion & de la Foi l'exigeoit alors; Juif avec les Juifs pour les gagner tous, (r) & détruire plus facilement la servitude de la Loi; parce que, comme le croit Saint Chrysostome, il en avoit reçu un ordre exprès de Dieu, dans le tems même qu'il lui avoit ordonné de le prendre pour se l'associer dans la prédication de l'Evangile. (ſ) J'ajouterai à toutes ces raisons pour achever de faire connoître ici, la façon de penser de l'Apôtre, que Saint Paul ne fit pas circoncire Tite à Jérusalem pour montrer, contre le sentiment des Juifs faux freres, qui s'étoient introduits par surprise dans l'Eglise, (t) que la Circoncision n'étoit pas nécessaire, & qu'il fit circoncire Timothée à Icone, pour faire voir à tous, aux Circoncis & aux Incirconcis Chrétiens,

---

(r) I. Epit. de S. Paul, aux Cor. ch. 9. v. 20. 21. 22. 23.

(ſ) S. Chrysost. Hom. 5. in I. Timoth.

(t) Epit. de S. Paul, aux Gal. ch. 2. v. 3. 4. 5.

Fidèles & Infidèles, que cette cérémonie n'étoit pas mauvaise en elle-même, & qu'on pouvoit sans crime la pratiquer jusqu'à ce que le tems l'eût abolie peu à peu.

Elle ne tire pas son origine chez ces Peuples, comme le prétend le Contradicteur, des coutumes & des usages Egyptiens. On ne peut bien juger de la vérité de ce trait historique de l'Antiquité la plus reculée, qu'en recherchant soigneusement quels ont été les Auteurs profonds en ce genre d'érudition qui ont écrit sur cette matiere. L'autorité d'Hérodote, au raport de Manethon & de Diodore de Sicile, ne peut être ici d'aucun poids. (*a*) Ces deux Ecrivains, dont l'un Egyptien & l'autre Grec, l'accusent d'avoir avancé souvent des faussetés faute de savoir les Antiquités Egyptiennes. Ce qu'il raporte des Colchidiens, des Egyptiens, des Ethiopiens qui,

(*a*) Diod. lib. 1.

selon lui, sont les seuls qui se font circoncire de tout tems, justifie cette imputation. Il ne paroît pas naturel que trois Nations, dont une qui est la Colchidienne, éloignée des deux autres de plus de 350 lieuës, se soient avisées ensemble, *dès le commencement*, par le seul motif d'une propreté prétendue, d'une cérémonie aussi singuliere, aussi douloureuse & humiliante. L'âge pour cela étoit de quatorze ans accomplis dans les jeunes gens. J'aime mieux croire ce que dit sur ce sujet Artapane, cité dans Eusébe, (*b*) que les Ethiopiens & les Prêtres de l'Egypte reçurent la Circoncision de Moyse, (*c*) & qu'ils purent

(*b*) Euseb. Prép. l. 9. ch. 15.
(*c*) Ceux qui pensent que les Egyptiens reçurent la Circoncision des Peres même de ce saint Législateur; mais que dans la suite le Roi & le Peuple purent souvent interrompre cette cérémonie religieuse, fondent leur sentiment sur la haute estime que le Pharaon d'Egypte & ses Sujets conçurent pour Jacob & sa Famille, par le souvenir des services importans que Joseph avoit rendu à tout le Royaume; sur le grand respect après cela, que l'Egypte, & sur-

par succession de tems, la communiquer aux Egyptiens, aux Colchidiens, aux Syriens, qui habitent sur les rivages des fleuves Thermodoon & Parthénius, aux Macrons leurs voisins, aux Arabes, à quelqu'un même des Philosophes de la Grece, à Pythagore. Ce qui s'accorde assez, au moins quant à son époque parmi les Egyptiens seulement, avec plusieurs des textes de l'Ecriture.

Quand ce saint Législateur prescrit les conditions sous lesquelles les Etrangers pouvoient être admis aux cérémonies, & participer aux prérogatives du Peuple de Dieu, il ne manque pas d'ordonner avant tout, que ces hommes, sans en excepter les Egyptiens, seront circoncis. La seule grace qu'il fait à ces

---

tout ses Prêtres, dûrent avoir pour la Religion & le Dieu des Hébreux ; sur l'autorité de l'Ecriture, qui fixe l'époque de la circoncision chez ce Peuple choisi aux jours d'Abraham ; les Egyptiens, disent-ils, n'ont aucun Livre au moins authentique qui leur assure une possession aussi l'ancienne de cette pratique.

anciens hôtes de Jacob & de sa famille est, qu'en reconnoissance de ce que les Israélites avoient été étrangers dans leur Pays, leurs enfans, (bien entendu qu'ils imiteront ici la soumission de leurs Peres,) pourront à la troisieme génération entrer dans l'assemblée du Seigneur. (*d*) Jérémie, dans ses Prophéties au Peuple Juif, (*e*) distingue clairement les Egyptiens d'avec les Hébreux par la Circoncision que ceux-ci recevoient, & que les autres n'avoient pas. Ezéchiel les met au rang des Tyriens & Sidoniens incirconcis ; il dit de la part de Dieu au Roi d'Assyrie, qu'il descendra au fond de la Terre & dans l'Enfer, qu'il y reposera avec les Incirconcis qui ont été mis à mort par l'épée ; qu'il y aura pour compagnon Pharaon & toutes ses troupes. (*f*) Le même Prophete menace le Roi d'Egypte & ses Sujets de les faire descendre dans l'Enfer avec les autres Pe-

(*d*) Deut. ch. 23. v. 7. 8. 9.
(*e*) Jérém. ch. 9. v. 25. 26.
(*f*) Ezéch. 32. v. 18.

ples incirconcis, comme Assur, Elam, Mosoch & Thubal. (g)

Moyse que nous disons ici avec quelque fondement, l'Auteur de la Circoncision dans l'Egypte, l'avoit eu d'Amram ; Amram, de Caath ; Caath, de Levi, dont le mépris & celui de ses freres pour les Incirconcis avoient éclaté si fort, long-tems auparavant dans leur constant refus d'allier Dina leur sœur avec Sichem ; Lévi l'avoit reçu de Jacob, Jacob d'Isaac ; Isaac d'Abraham ; Abraham de Dieu lui-même, qui après avoir éprouvé sa foi & son obéissance, la lui donna pour marque de son alliance avec lui & sa postérité. On ne peut pas penser que la divine Sagesse dont le dessein principal dans cette institution, étoit de distinguer la race de ce saint Patriarche des Nations étrangéres, ait voulu agir directement contre ses vues propres, & employer un signe qui auroit été en usage alors chez les Peuples voisins

---

(g) Ezech. ch. 32. v. 19. 21. 22. & seq.

avec lesquels, sur-tout, les Hébreux devoient vivre pendant un si long-tems.

On ne trouve nulle part dans l'Ecriture, que ces Peuples aient cessé de circoncire en Egypte. Ceux d'entre les Rabbins qui l'ont dit, l'ont avancé sans raison. On voit le contraire dans le cinquieme Chapitre de Josué : on y lit que tous les mâles des Hébreux sortis de ce Royaume, en âge de porter les armes, & qui étoient morts dans le désert pendant ces longs circuits de chemin qu'ils y firent, avoient tous été circoncis. L'Ecrivain sacré s'attache exprès à raporter ce fait, pour avoir moyen de rendre raison de la cessation de cette religieuse pratique parmi les Hébreux, cessation inouïe jusqu'alors. Depuis leur révolte, continue-t-il, contre le Seigneur, au sujet du raport des espions à Cadesbárné, ils ne reçurent plus la Circoncision. Dieu les priva de cette marque de son alliance dont ils s'étoient rendus indignes, & à laquelle

M

en quelque forte ils avoient renoncé par leurs murmures. Après la mort de ces hommes indociles qui avoient refusé d'écouter la voix, arrivés dans la Terre promife, au milieu des Chananéens, le Seigneur ordonna qu'on circoncît tous ceux qui étoient nés dans le défert; après quoi il dit à Josué leur conducteur : *Hodie abstuli opprobrium Ægypti a vobis.* J'AI ÔTÉ AUJOURD'HUI DE DESSUS VOUS, L'OPROBRE DE L'EGYPTE. Comme s'il leur eût dit : j'ai éloigné de vous ce qui vous rendoit femblables aux Egyptiens, & ce qui étoit pour vous un fujet d'oprobre & de honte. Toute autre traduction & interprétation qui ne confervent pas ce fens, qui eft le naturel, font vicieufes; (*h*) & ne font

(*h*) Le Contradicteur, qui admet ici les paroles de l'Ecriture, traduit : Je vous ai délivré de ce qui faifoit votre oprobre chez les Egyptiens. Or, continue-t-il, quel pouvoit être cet oprobre pour des gens qui fe trouvoient entre les peuples de Phénicie, les Arabes & les Egyptiens, fi ce n'eft ce qui les rendoit mé-

faites que pour pouvoir abuser des paroles de l'Ecriture. Elles ne peuvent absolument s'expliquer ici que par ce qui précéde. Ce sont des enfans, comme l'on peut voir, des Peres circoncis dans l'Egypte; mais, dans le désert, rebelles au Seigneur, qui, pour expier cette rebellion, étoient condamnés à rester incirconcis jusqu'après la mort de leurs peres, à qui Dieu dit, après leur circoncision, je vous ai délivré aujour-

prisables à ces trois Nations ? Comment leur ôte-t-on cet oprobre ? En leur ôtant un peu de prépuce.

Il feint d'ignorer que les Egyptiens n'ont jamais été circoncis universellement ; qu'ils n'ont jamais regardé avec mépris ceux qui ne l'étoient pas ; qu'ils ne furent jamais engagés par devoir ou par quelques loix à recevoir cette marque sur eux-mêmes ; qu'ils ne l'ont jamais considérée que comme une pratique assez indifférente pour tout le Peuple, & qui n'étoit tout au plus d'obligation que pour certains Prêtres ; encore, quand le devint-elle ? Avant les tems où Pythagore voyagea dans l'Egypte ? Cela peut être. Et ces tems remontront-ils jusqu'à ceux qui précédérent l'arrivée du Patriarche Joseph dans ce Royaume ? Qui le montrera ?

d'hui de ce qui vous confondoit avec les Peuples impurs de l'Egypte.

Il n'est point dans le monde de Livres aussi anciens que ceux de Moyse & de Josué. Les Hébreux, de qui les Chrétiens les ont reçu, en sont en possession depuis plus de trois mille deux cens cinquante ans : on y lit qu'Abraham a reçu la Circoncision immédiatement de Dieu : (*i*) On y remarque les solides raisons de cet établissement, & dans le Seigneur qui l'ordonne, & dans le saint Patriarche qui la reçoit ; on l'y voit continuée dans l'Egypte, interrompue pendant quarante ans dans le désert, reprise dans la terre de Chanaan. Sur la foi de quel Auteur le Critique insinue-t-il, parce qu'Abraham fut contraint par une nécessité indispensable de voyager dans le premier de ces Pays qui étoit déjà, selon lui, un Royaume florissant, (*l*) gouverné par un puis-

(*i*) Gen. ch. 17. v. 10. 11. 12. 13. 14.
(*l*) Ce Royaume si florissant, selon ce Critique, au tems d'Abraham, n'avoit encore,

sant Roi, où la Circoncision pouvoit être en usage; sur quelle autorité, dis-

selon toutes les aparences, tout au plus que des loix arbitraires. On ne voit pas qu'il en ait eu d'autres au tems de Joseph, long-tems même après Moyse, & la sortie des Enfans d'Israël hors de l'Egypte. Qu'il nous produise un monument certain, & d'une antiquité aussi sûre que celle de Moyse, par où il paroisse qu'avant Moyse, l'Egypte avoit des Loix écrites; qu'il nous fasse voir par quelque témoignage authentique, que le prétendu Hermes ou Mercure Trimégiste, qui passe pour le premier Législateur de cette Nation, vivoit avant le Législateur Juif. On sait dans quelle obscurité fabuleuse se perd l'ancienne Histoire des Egyptiens. Quelle créance méritent les oui-dire d'Hérodote, & les Ecrits de cette foule d'Ecrivains qui l'ont co[pié]. Il est constant que le premier Législateur qui fut connu en Grece, étoit Minos: Mais Minos, comme il paroît par les marbres d'Arundel, n'a fleuri qu'en 1432 ans avant Jesus-Christ, par conséquent plus de soixante ans après la Loi publiée sur le Sinaï. Après cette publication les Hébreux reçurent de Moyse ces sages Loix qu'on nomme civiles, judicielles & cérémonielles; devenus paisibles possesseurs de la terre de Chanaan, ces Loix intéressèrent par leur sagesse les Peuples voisins. Ils voulurent tous en avoir de semblables; de proche en proche elles s'accréditèrent, & passèrent aux Egyp-

je, veut-il faire entendre qu'il pût recevoir cette coutume des Egyptiens ? Mais qu'il ne la communiqua pas à sa race; & que celle-ci ne la pratiqua que du tems de Josué.

On convient que plusieurs de cette postérité favorisée, prirent durant leur long séjour dans l'Egypte, beaucoup d'usages des Peuples de ce Royaume ; mais on ne peut pas en inférer qu'ils en ont imité la Circoncision ; ils l'ont eue, comme il a déjà été dit ci-dessus, de Dieu lui-même, pour être le caractere de son Peuple choisi, le sceau de son alliance qui devoit les distinguer des autres Nations, la marque de leur gloire, & de l'opprobre des Egyptiens, des Phéniciens, des Ethiopiens, des Arabes, des Colchidiens, des Chananéens.

Les objections de ce dernier article

_____

tiens. Delà dans l'Egypte, les Loix fondamentales de l'Etat, les judicieuses Loix du Gouvernement, de la Religion, les Initiés, les Mystéres, les religieuses cérémonies, la pratique de circoncire.

que je viens de combattre, furent faites jadis par Celse & Julien. (*m*) L'objet de ces deux Critiques étoit de traduire le Judaïsme en ridicule, & de rendre la Religion de Jesus-Christ méprisable. L'intention du Sophiste de nos jours, qui les rapelle sous une forme nouvelle également captieuse, ne semble guére plus droite. Je ne comprends pas comment un homme d'honneur & d'esprit, peut à dessein, faire presque toujours des raisonnemens faux; (*n* sa situation & ses dispositions me tou-

(*m*) Cel. apud Origen. L. 2. 5. contra Celsum Apud Cyrill. L. 10. contra Juli.

(*n*) Tous les Ouvrages contraires à la Religion Chrétienne, sont remplis de semblables raisonnemens; rien ne prouve plus sa vérité. Le Défenseur des Pensées de M. Paschal, a déjà été forcé dans sa Défense, de faire ce reproche, mais d'une maniere plus vive, au critique de cet Auteur. Jean-Jacques Rousseau connoisseur sur-tout en cette matiere, a dit aussi à ce sujet dans le premier Livre de son Emile, ou Traité de l'Education, à tous les prétendus Sceptiques de nos jours, des choses qui auroient bien dû, s'il leur restoit encore de la pudeur, les engager à changer leur méthode d'écrire.

chent. Je desirerois de tout mon cœur, pouvoir lui faire prendre d'autres sentimens; je vais encore essayer pendant quelque tems, de le rapeller, s'il est possible, à l'amour du vrai; je parcours à présent tous les Chapitres du Dictionnaire Philosophique, & je reprends toutes les propositions hétérodoxes qui y sont répandues çà & là, afin, si je puis, de n'en laisser aucune sans réponse, & de remplir avec exactitude tout l'objet que j'ai eu en vue d'abord.

Tous les siecles produisirent des hommes téméraires; il ne paroît pas raisonnable de faire gloire d'en raporter les extravagances & les impiétés. Je n'en infererai pas néanmoins que celui qui le fait, les adopte toujours; je dis seulement qu'il travaille au moins à éterniser des choses qui devroient être ensévelies dans un oubli éternel. Quand Jesus-Christ dit à Pierre: * Tu es Pierre, ET SUR CETTE PIERRE JE BATIRAI MON EGLISE; il l'assuroit qu'il seroit le chef & le

* Voyez le ch. Pierre du Dict. Philosoph.

fondement visible de l'Eglise, dont lui-même étoit le Chef & le Fondement invisible. Cette traduction : TU ES PIERRE, ET SUR CETTE PIERRE, &c. est d'après la Version latine dans laquelle *Petrus & Petra* signifient deux choses distinctes ; dans la Langue Syriaque, qui est celle que Jesus-Christ parloit, où il n'y a point comme en Latin, de différence de genre ; on ne peut y distinguer *Petrus* Chef des Apôtres, de *Petra* sur lequel l'Eglise est fondée : Ces deux mots sont synonymes, & ont une même signification.

Supofons, pour un moment, qu'il n'y ait point encore d'Enfer produit, que Dieu seulement ait résolu dans ses Décrets éternels, d'en former un dans telle ou telle circonstance prévue ; que ce moment soit arrivé, qu'il aparoisse à Pyrrhetaire, & qu'il lui dise : tu es Pyrrhetaire, & sur ce Pyrrhetaire je bâtirai mon Enfer. Pyrrhetaire diroit-il ces paroles du Tout-Puissant, un jeu de mots, une pointe extraordinaire, un quolibet ? Les hommes sont bien fous de vouloir toujours s'attacher à combattre ce qu'ils ne comprennent pas, ou plutôt ce qu'ils voient ne pouvoir s'accorder avec leurs fausses opinions ; & de le faire, sur-tout, en termes bas & injurieux à la Divinité.

J'ai dit ailleurs que Saint Pierre & Saint Jacques avoient établi leur siege, le premier à Antioche, ensuite à Rome ; le second à Jérusalem, & qu'ils étoient tous les deux morts Evêques de ces Eglises. L'opinion nouvellement hasardée de quelques Particuliers isolés & de mauvaise humeur, ne sauroit prescrire contre le témoignage constant d'une Tradition de plus de dix-sept siecles.

Saint Pierre ne commença pas son Apostolat par renier Jesus-Christ ; quand il renia, il n'étoit encore que Disciple ; il ne fut fait Apôtre qu'au moment qu'il reçut le Saint Esprit, avec le pouvoir d'enseigner toutes les Nations.

Aaron auſſi premier Pontife des Hébreux, ne commença pas ſon miniſtere par faire un Veau d'or, & l'adorer. Il avoit reçu cette dignité avant la conſtruction de cette Idole, (a) & l'Ecriture qui raporte ici tout au long, les actions de ſa fauſſe prudence, ne dit rien de ſon infidélité (b)

* On peut bien dire, ſur-tout, après ce qui a déjà été raporté de l'antiquité authentique des Livres des Hébreux, après ce qu'en a écrit Euſebe dans l'onzieme & le douzieme Livre de la Préparation évangélique, (c) que tout ce que les Grecs & les autres Nations païennes ont jamais eu de bon dans leur Théologie, ils l'ont tiré des Livres de ces Peuples. Ce que Platon, Numenius ont dit de Dieu, de ſon exiſtence, de ſa bonté infinie;

* Voyez le ch. Religion

(a) Exod. ch. 16. v. 33. 34. 35. & ch. 29. v. 22. 24.

(b) Id. ch. 32.

(c) Ch. 9. 10. 11. 12. 13. 14. 15. 16. 17. 18. 19.

ce qu'ils ont dit ainsi que Plotin, Amelius, de la seconde Personne de la Trinité ; ce que Platon & Porphyre ont dit de l'immortalité de l'ame ; ce que Platon & Thalés ont dit du commencement du Monde, des astres qui avoient été placés dans le Firmament, de la perfection des Ouvrages du Créateur : Moyse l'avoit dit avant eux. L'Histoire de la création du Monde faite par les Indiens, selon Megasthene, cité par Strabon & Clément d'Alexandrie ; par les Egyptiens, selon Diogene de Laerte & Diodore de Sicile, a été imitée de l'Histoire Sainte. L'abyme dont il est parlé au commencement de la Genese, & le débrouillement que Dieu en fit, ont été suivis par Thalés, Anaxagore, Linus, Hésiode, Apollonius, Epicharme, Aristophane, dans les Hymnes qui portent le nom d'Orphée, par Ovide. Ce qui est raporté dans le même Livre, de l'homme que Dieu créa à son image, qui avoit été formé de la boue, qui devoit commander à tous les animaux, & retourner en poudre, a été copié par Eurysus Philosophe Pythagoricien, par Homere, par Euripide, par Ovide, par Hesiode, par Callimaque, par Censorin, par Horace, par Virgile, par Juvénal, par Martial, par Ciceron, par Saluste, par Pline. Le Platonisme ne peut donc avoir aidé la Religion Chrétienne à l'intelligence de ses dogmes, elle ne l'a pas puisée dans cette source. L'Ecriture, la Tradition, l'assistance qui lui a été promise de l'Esprit-Saint, lui ont en cela servi de guides infaillibles.

* Salomon a pu être aussi riche que l'Ecriture le dit, elle n'assure pas que le Melk David son pere, lui laissa environ vingt milliards de notre monnoie au cours de ce jour, selon la suputation la plus modeste : elle marque que David dans sa pauvreté, (a) avoit préparé dequoi fournir à la dépense du

* Voyez le ch. Salom.

(a) Paralip. ch. 22. v. 14.

bâtiment de la Maison du Seigneur ; favoir, cent mille talens d'or, & un million de talens d'argent, &c. Le talent d'or vaut foixante-neuf mille cinq cens trente-une livres cinq fols de notre monnoie, il pefoit quinze cens onces, ou cent vingt-cinq livres Romaines, & quatre-vingt-fix livres quatorze onces cinq gros de notre poids de marc. Le talent d'argent valoit trois mille ficles, ou quatre mille huit cens foixante-fept livres trois fols neuf deniers de notre monnoie, du même poids que le talent d'or. Ainfi David laiffa, pour bâtir le Temple, fix milliards neuf cens cinquante-trois millions, cent vingt-cinq mille livres en or, pefant douze millions cinq cens mille livres Romaines, à douze onces l'une ; ou neuf millions trois cens foixante-quinze de nos livres, à feize onces l'une : & en argent, il laiffa quatre milliards huit cens foixante-fept millions, cent quatre-vingt-fept mille cinq cens livres de notre monnoie, pefant cent millions de livres Romaines, ou nonante-trois millions sept cens cinquante mille de nos livres de poids. Il donna aussi pour revêtir les murailles du Temple, trois mille talens d'or d'ophir, & sept mille talens d'argent; (*b*) les trois mille talens d'or sont environ quatorze millions six cens un mille cinq cens soixante-deux livres & quelques sols; & les sept mille talens d'argent valent trente-quatre mille livres & soixante & dix livres & quelques sols. Pourquoi ne pas raporter les choses telles qu'on les voit écrites, & les exagérer de plus d'un tiers de somme de notre monnoie au cours de ce jour? Les trésors dont il s'agit, sont déjà assez grands par eux-mêmes, & bien propres à nous causer de l'admiration; toutefois nous ne devons pas comparer les richesses présentes de notre Europe avec les richesses de l'Asie dans ces tems-là. Cette partie du monde jouissoit alors des riches mines d'or du

(*b*) Paralip. ch. 29. v. 4.

fameux pays d'Ophir, & de l'or du Phafe, fleuve, comme l'obferve l'Ecriture & toute l'Antiquité avec elle, rempli de ce précieux métal.

Il fe peut que les chevaux autrefois très-communs dans le Pays qu'on nomme aujourd'hui la Paleftine, y foient à préfent très-rares. Un Souverain qui a des richeffes exceffives, & qui aime la magnificence ; peut avoir des écuries & des chevaux autant qu'il lui plaît ; quatre cens douze mille, ou quatre-vingt-douze mille, font pour lui la même chofe. Les Tributaires de Salomon étoient obligés tous les ans de lui en amener un très-grand nombre ; & il en faifoit encore acheter d'autres à Coa & dans l'Egypte. (c) Ce Royaume pouvoit déjà faire commerce de chevaux quand les Ifraélites en fortirent, & que Pharaon les pourfuivit avec fes chariots & fa cavalerie. Sefoftris mit fur pied de grandes armées de gens de cheval.

(c) L. 3. reg. ch. 10. v. 15. 28. 29.

cheval. Depuis que ce Prince & ses successeurs eurent fait dans l'Egypte ce grand nombre de canaux qu'on y voyoit, les chevaux, remarque Hérodote, devinrent en quelque sorte inutiles, & l'on négligea d'en faire multiplier l'espece. Toutefois les Voyageurs modernes racontent que les chevaux de l'Egypte, sont des plus beaux & des mieux taillés, & que c'est ce qui engage le Turc d'en empêcher le transport aux Etrangers.

Le Cantique des Cantiques, la Sagesse, les Proverbes, l'Ecclésiaste, tous ces Livres ne sont pas reconnus parmi nous pour divins, seulement parce qu'ils sont authentiques, mais parce qu'ils portent par-tout l'empreinte de la Divinité, & que par cette raison, ils sont mis au nombre des Livres que nous disons canoniques. Salomon, à l'exception du Livre contesté de la Sagesse, en est certainement l'Auteur. Le Cantique des Cantiques, 1°, quoiqu'en dise le Contradicteur, est son ouvrage ; on y voit en plusieurs endroits son nom, sa qualité, son caractere ; il y est apellé Salomon, Roi pacifique. Il y invite les filles de Sion à venir le voir avec le diadême dont sa mere l'a couronné le jour de ses noces. Il y parle de son mariage avec la fille du Roi d'Egypte ; ce qui a fait nommer par plusieurs Auteurs, ce Livre mystérieux, un Epithalame, non toutefois à la maniere des Grecs & des Romains, où les filles de la noces célebrent les loüanges des époux, & chantent le bonheur de leur mariage : ici l'époux & l'épouse parlent souvent seuls & sans témoins. Pour varier le sujet & les choses obligeantes qu'ils se disent l'un à l'autre, il a fallu feindre diverses circonstances, faire naître plusieurs rencontres, représenter l'époux & l'épouse sous différentes vues, & faisant divers personnages ; tantôt d'un Roi & d'une Reine ; tantôt d'un Berger & d'une Bergere ; tantôt d'un Homme & d'une Fille de la Campagne ; enfin, tantôt feuls, & tantôt en compagnie. Quelques Peres & quelques Commentateurs remplis du respect qu'on doit avoir pour les sens mystérieux & cachés de cet Ouvrage, ont dit qu'on ne devoit pas y chercher de sens littéral & historique, & qu'en vain on vouloit raporter au mariage temporel de Salomon, avec une femme Egyptienne ou Juive, ce qui n'étoit dit que de l'alliance toute spirituelle de J. C. avec son Eglise. On convient qu'il y auroit de la témérité & même de l'impiété à vouloir ici tout expliquer à la lettre, en excluant le sens spirituel. Ce seroit s'exposer au danger presqu'inévitable de scandale, & se priver volontairement de tout le fruit qu'on doit tirer de cette lecture : mais s'il y a moins de danger dans l'opinion qui prend de Jesus-Christ à la lettre, tout ce qui est dit ici, que dans celle qui entend tout de Salomon dans le même sens, je ne croirai pas pour cela que le premier sentiment soit absolument assuré & sans inconvénient. Dans l'ancienne Loi la réalité étoit presque toujours cachée sous les ombres de la figure. En plusieurs endroits, l'ancien Testament, & à plus forte raison le Cantique des Cantiques, sont une allégorie continuelle; & cette allégorie a nécessairement double face; la premiere étoit pour les Juifs charnels, & l'autre pour les spirituels; la premiere regardoit un tems présent, & la seconde un tems futur; celle-ci se bornoit à Jesus-Christ, celle-là avoit pour objet Salomon. Les Juifs spirituels expliquent le Cantique des Cantiques de l'amour du Seigneur envers la Synagogue; les Chrétiens l'entendent du mariage de Jesus-Christ avec son Eglise. Cet Interprete fidèle des paroles dictées par l'Esprit-Saint, a toujours aprouvé ceux des Peres & des Commentateurs, qui, sans rejetter ici le sens littéral & historique, s'apliquent au spirituel, & s'élevent jusqu'à son divin Epoux.

Les textes que le Contradicteur cite;

& qu'il en a extrait d'après Théodore de Mopsueste & Grotius ses deux originaux, ont tous un sens spirituel. Dans le premier, (*a*) la Synagogue que toutes les promesses des Prophetes ne satisfont pas, dont toutes les figures de la Loi ne remplissent pas l'attente, transportée d'amour pour le Libérateur qu'on lui promettoit depuis tant de siecles, demande au Dieu de ses Patriarches, qu'il le lui envoie ce Desiré de toutes les Nations, cet Epoux plein de bonté & de graces, de qui seul elle attend le soulagement de son ardeur, & la fin de ses peines.

Dans le second, (*b*) l'Epoux doit rester dans le sein de son Epouse, comme un bouquet ou paquet de myrrhe. L'Hébreu, à la lettre lit, que le *paquet* de myrrhe passera la nuit ou séjournera quelque tems dans le sein de l'Epouse. Jesus-Christ a demeuré dans le sein de la Sainte Vierge pendant neuf mois;

(*a*) Ch. 1. v. 1.
(*b*) Id. v. 12.

y a été comme un paquet ou bouquet de myrrhe, par la bonne odeur des vertus dont il venoit donner l'exemple.

Dans le troisieme, (c) l'époux compare l'ombilic de son épouse à une coupe faite au tour, toujours pleine de liqueur à boire, pour marquer le grand soin qu'on a eu à sa naissance, de la rendre bien conformée & bien propre; figure de la beauté de l'Eglise naissante, où par le baptême nous sommes lavés de toutes les souillures qui nous rendoient enfans de perdition, & nous sommes élevés à la qualité d'enfans de Dieu. Cette Epouse du Rédempteur, est une Epouse chaste & féconde, qui renferme dans son sein, le froment des Elus, qui sont les Sacremens : Ses deux mamelles sont les deux Testamens, sources de la doctrine & de l'instruction que son divin Epoux donne à ses enfans. Son nez semblable à la tour du Mont-Liban,

(c) Ch. 7. v. 2. 3. 4.

qui regarde Damas, font les Ministres de l'Eglise, qui, dans l'administration des choses saintes, jugent entre le juste & l'injuste, & font tout ce qui est en leur pouvoir pour ne pas les donner aux chiens.

Dans le quatrieme : (*d*) l'Eglise chrétienne est représentée dans son commencement comme une Vierge encore jeune, qu'on n'auroit pas pensé, à en juger par sa foiblesse aparente, devoir être l'Epouse du Roi des Rois ; c'étoit un mur, mais sans tours & sans défense ; c'étoit une porte, mais peu solide & mal garnie : Jesus-Christ lui tient lieu de tout ; il lui donne des Prédicateurs, des Docteurs, des Martyrs, comme des tours & des remparts ; avec leur secours, elle résiste à toute la fureur de l'enfer, elle renverse l'idolâtrie, triomphe de l'erreur, & étend son empire & celui de son Epouse jusqu'aux extrémités du monde.

(*d*) Id. v. 8, 9.

Dans le cinquieme, (e) les Filles de Jérusalem sont la figure de la Synagogue, qui se flattoit de sa blancheur, de ses priviléges, de sa Loi, de ses Pratiques saintes, de ses Ecritures, de la vraie Religion, ce qui lui enfloit le cœur, & lui donnoit du mépris pour les Gentils, Peuples étrangers, sans lumieres & sans connoissance ; mais depuis que le Sauveur a daigné jetter les yeux sur la Gentilité, & qu'il l'a reçue pour son Epouse, elle se vante d'être plus belle que sa rivale, & de mériter par son attachement, par son amour, & par sa fidélité, les faveurs & les bonnes graces de son Epoux.

Les peaux de Salomon qui servoient à ses tentes, étoient noires ; mais elles étoient au-dedans d'une magnificence qui supléoit à ce qui leur manquoit au dehors dans la couleur ; l'or, la soie, l'azur y brilloient de toute part. Les Voyageurs qui nous dépeignent les ten-

(e) Ch. 1. v. 4.

tes des Rois d'Orient, celles de leurs Visirs, & de leurs Généraux, nous en parlent avec admiration : nos Palais les plus vastes & les plus magnifiques, n'ont rien qui surpasse ces tentes ; anciennement elles étoient de peaux. Tite-Live, parlant d'une Campagne qui dura tout l'hiver, dit qu'on passa cette saison sous les peaux. (*f*) Le Tabernacle du Seigneur dressé dans le desert, étoit couvert de peaux au-dehors, & tapissé au-dedans de voiles précieux. (*g*)

2°. La Sagesse que plusieurs d'entre les Savans croient ne point être de Salomon, n'est point de ces Livres de l'Ecriture qui ont toujours été reçus unanimement dans les Eglises. Cette prérogative n'est que pour ceux qui ont été insérés de tout tems dans le canon des Ecritures parmi les Hébreux, qui sont écrits en leur langue, & qui sont passés de la main des Juifs dans

(*f*) Lib. 5.
(*g*) Exod. ch. 26. v. 1. 7.

celles des Chrétiens sans aucune contestation de part ni d'autre. Ceux qui ne sont écrits qu'en Grec, comme la Sagesse, ont souffert des contradictions, & l'Eglise toujours attentive & circonspecte dans ses décisions, ne s'est déterminée qu'avec grand choix, qu'après de longues délibérations, & sur-tout que sur le témoignage des Apôtres, qui en plusieurs endroits en ont imité les paroles, à le recevoir pour canonique. L'Auteur inspiré n'y dit pas qu'Abraham voulut immoler son fils Isaac au tems du déluge ; on ne voit de ces faussetés absurdes que dans le Dictionnaire Philosophique : on lit dans le Chapitre dixieme, qu'Adam étant tombé au commencement, s'étoit relevé par la Sagesse ; que Caïn devenu le meurtrier de son frere, son crime & ceux de ses descendans avoient attiré sur la terre les eaux du déluge ; que la Sagesse avoit conservé Noé au milieu d'une Nation toute corrompue, & que lorsque les Nations conspirérent ensemble pour s'abandonner au mal, ce fût-elle qui connût le Juste; c'est-à-dire, Abraham, qui le conserva irrépréhensible devant Dieu, & qui lui donna la force de vaincre la tendresse qu'il ressentoit pour son fils.

Il est vrai que quelques versets après, il est raporté dans le même Chapitre, que la Sagesse tira Joseph de ses chaînes, & qu'elle lui mit en main le sceptre royal; ce qui semble ne pas s'accorder avec les paroles du Pentateuque. Mais toute contradiction disparoît quand on fait attention que l'usage alors, dit Grotius, chez les Hébreux, étoit de nommer Rois les Seigueurs, & toutes les personnes élevées aux premieres places du Royaume. Ils avoient pris ces usages du Pays de Chanaan, où tous les Gouverneurs de Ville même s'apelloient du nom de Rois.

3°. Salomon est l'Auteur du Livre des Proverbes; son nom paroît à la tête & dans le corps de l'Ouvrage. La Synagogue, l'Eglise, les Peres, les

Commentateurs le lui attribuent d'un commun confentement. Les conjectures de Grotius, & les réflexions que le Critique fait d'après ce favant Ecrivain, ne balanceront jamais toutes les autorités. Il fe peut faire que les Proverbes tels que nous les avons, foient un recueil des Sentences de Salomon, fait en divers tems, par différentes perfonnes, Eliacim, Sobna, Joake, & mifes en corps par Efdras, ou par ceux qui revirent les Livres facrés après la captivité de Babylone, & qui les rédigérent en l'état où nous les voyons : on y remarque un affez grand nombre de Verfets & de Sentences répétées ; ce qui ne feroit pas arrivé fi une feule perfonne eut travaillé de fuite à ce recueil ; ceux qui raffemblent toutes les parties difperfées d'un Ouvrage, n'en font pas pour cela toujours les Auteurs. Salomon nous aprend lui-même (a) que celui-ci eft le fruit de la fageffe & de fes plus grandes Médita-

a) Eccle. ch. 12, v. 9.

tions, qu'il a été long-tems à faire des recherches, & une étude férieuse avant que d'écrire ses paroles. Pourquoi un Monarque fage, qui connoît l'homme & ses paffions, ne donneroit-il pas à ceux de ses Sujets encore jeunes & fans expérience, des leçons de conduite à l'égard des femmes déréglées ? Pourquoi ne leur répéteroit-il pas souvent d'en éviter la compagnie, & de méprifer leurs careffes ? Pourquoi un Souverain attentif à s'attacher fon Peuple par la douceur, ne diroit-il pas que le Roi colere est craint & n'est pas aimé de ses Sujets, & que ses emportemens font comme les rugiffemens du Lion ? Rien n'est plus effroyable que le rugiffement de cet animal. Un Prince cruel & emporté, ne porte-t-il pas par-tout l'effroi & la douleur ? parce qu'il a en main l'autorité souveraine, & que personne ne prend la liberté de l'avertir, souvent il se rend terrible par des traits d'humeur qui lui échapent, & dont il ne s'aperçoit pas. Heureux les Royaumes gouvernés par des Rois d'un caractere doux, humain, bienfaisant ! France ! reconnois-là le portrait de ton Roi ! Ce furent ces grandes qualités qui brillent dans son auguste Personne, qui jadis te porterent à le surnommer LOUIS LE BIEN-AIMÉ !

Un Ecrivain versé dans l'Antiquité, & qui connoît le génie inventif des Orientaux, peut-il avancer qu'il doute qu'il y ait eû des verres à boire du tems de Salomon ; que c'est une invention fort récente ; que toute l'Antiquité ne buvoit que dans des tasses de bois ou de métal ; & que ce seul passages des Proverbes : NE REGARDEZ POINT LE VIN QUAND IL PAROIT CLAIR, ET QUE SA COULEUR BRILLE DANS LE VERRE, indique que cet Ouvrage fut fait par un Juif d'Alexandrie, long-tems après Alexandre ?

Parce que l'art de faire du Verre est nouveau dans l'Europe, & que l'époque de son invention est récente parmi nous ; les Peuples des autres parties du monde, & sur-tout de l'Asie, n'auroient pas pu la trouver ? Je pense qu'ils ont fait bien d'autres découvertes qui ne nous sont pas parvenues. Les Miroirs ardens ont été connus aux Anciens : Archimede en faisoit ; il fit même une Sphere de verre, dont les cercles suivoient les mouvemens de ceux du Soleil, avec une régularité admirable. Pourquoi auroit-il été plus difficile aux Hébreux, ou Egyptiens leurs voisins qui le précéderent, & qui entendoient la fonte des métaux, d'inventer la maniere de faire du Verre commun, qui est la derniere opération au pouvoir de l'art par le moyen du feu ?

4°. Enfin, Salomon est l'Auteur de l'Ecclésiaste : les premieres paroles du Livre ; celles des Chapitres second, douzieme, toutes le disent. Les Juifs qui en ont toujours été les dépositaires, en conviennent. Les Chrétiens à qui ces Peuples l'ont transmis, en sont d'accord ; quelle attention sur ce sujet, peut mériter l'opinion de Grotius ? Je fai que pour l'apuyer, cet Ecrivain remarque qu'il y a dans ce Livre un grand nombre de termes étrangers à la Langue Hébraïque pure. Calvonius qui l'a examiné avec exactitude, qui s'eft même fervi pour cela de toutes les obfervations de Grotius, n'en a trouvé que quatre, parmi lefquels encore il y en a deux qu'on peut prouver certainement être Hébraïques. Les deux autres font Chaldéens ou Arabes; peut-être étoient-ils dans l'ufage des Hébreux du tems de Salomon. Nous ignorons la fécondité & l'étendue de la Langue de cette Nation ; il eft très-croyable qu'elle comprenoit autrefois un très-grand nombre de termes qui ne fubfiftent aujourd'hui que chez les Chaldéens & les Arabes.

Les remarques auffi que fait ici le Contradicteur, ne femblent pas d'une plus grande importance, au moins pour les perfonnes qui peuvent lire avec fruit les faintes Ecritures. Salomon dans tout le Livre mentionné, fait, felon la penfée tée de Saint Grégoire le Grand ; (a) le personnage d'un Orateur religieux qui parle en public, & qui entreprend de calmer les esprits de la multitude émue à l'occasion fâcheuse d'une dispute de Religion, en les rapellant à son pieux sentiment. L'Orateur pour s'insinuer dans les esprits, expose les diverses opinions de ses Auditeurs, les met dans leur jour, les représente dans toute leur force; paroît entrer lui-même dans leurs sentimens; en un mot, il fait autant de personnages, qu'il y a de partis divers dans l'assemblée qui l'écoute; mais tout cela ne tend qu'à désarmer leur passion, & à renverser leurs raisonnemens : tout-d'un-coup il vient à son but, & étendant la main, il conclut en ces termes : Ecoutons tous la fin de ce discours : Craignés Dieu, & observés ses Commandemens; car c'est en cela que consiste tout l'homme ; voià à où il en vouloit venir, & où en veut venir l'Auteur susdit de l'Ecclésiaste,

(a) Greg. mag. Lib. 4. Dialog. ch. 4.

quand après avoir poussé les choses jusqu'au point où les plus résolus libertins pourroient les pousser ; quand il propose les raisons les plus plausibles qu'ils aient pour s'abandonner aux plaisirs, nier la Providence, l'immortalité de l'ame; quand il dit que les Hommes N'ONT RIEN PLUS QUE LES BÊTES, QU'IL VAUT MIEUX N'ÊTRE PAS QUE D'EXISTER, QU'IL N'Y A POINT D'AUTRE VIE, QU'IL N'Y A RIEN DE BON QUE DE SE RÉJOUIR DANS SES ŒUVRES. On peut interpréter toutefois ces dernieres paroles pour satisfaire le Contradicteur, édifier les forts, instruire les foibles, & dire QUE LES HOMMES N'ONT RIEN PLUS QUE LES BÊTES; quant au corps, aux fonctions animales, aux besoins naturels, aux infirmités & accidens de la vie; QU'IL VAUT MIEUX N'ÊTRE PAS NÉ QUE D'EXISTER, pour s'abandonner au crime, offenser Dieu, & mériter ses éternels châtimens; QU'IL N'Y A POINT D'AUTRE VIE, à voir celle que le libertin méne sur la terre, à considérer ses continuels désordres, ses abominations, ses déréglemens ; QU'IL N'Y A RIEN DE BON POUR L'HOMME débauché, QUE DE SE RÉJOUIR DANS SES ŒUVRES corrompues, criminelles & vicieuses.

Salomon qui représente dans cet endroit, en sa personne les faux raisonnemens de l'impie, marque distinctement dans un autre lieu (*a*) sa véritable pensée sur la nature de l'ame : AVANT QUE.... LA CRUCHE SE BRISE SUR LA FONTAINE, QUE LA ROUE SE ROMPE SUR LA CITERNE, QUE LA POUSSIERE RENTRE EN LA TERRE D'OÙ ELLE AVOIT ÉTÉ TIRÉE, ET QUE L'ESPRIT RETOURNE A DIEU QUI L'AVOIT DONNÉ ; pensés, dit-il, que tout sur la terre est VANITÉ DES VANITÉS.

* Jesus-Christ chez S. Matthieu, commande au Chrétien de traiter en Païen & en Publicain celui qui n'écoutera pas l'Eglise. (*b*) S. Jean défend de recevoir

* Voyez le ch. Tolerance.

(*a*) Eccle. ch. 12. v. 6. 7. 8.
(*b*) S. Matth. ch. 18. v. 17.

chez foi un Hérétique, même de le faluer. (*a*) Saint Paul ordonne de l'éviter, & de le regarder comme un homme pervers & condamné par son propre jugement. (*b*) Il est constant que quand on a reçu solemnellement une Loi sage, on ne peut, sans se rendre prévaricateur criminel, refuser de s'y soumettre. Quel moyen après cela, quelques pressantes que paroissent les raisons du Contradicteur ? Quel moyen, dis-je, d'user de tolérance envers ceux, qui en matiere de Religion & de Foi, prétendent que tout doit céder aux lumieres de leur raison ? Qui ne reconnoissent point d'autre Juge ? Qui conteste à l'Eglise le droit exclusif de juger des choses dogmatiques ? Qui élevent contr'elle l'étendart de la rebellion ? Qui font gloire par-tout de lui résister ? Qui regardent en pitié ceux qui ne pensent pas comme eux ? Je m'ar-

(*a*) 2. Epit. de S. Jean, v. 10.
(*b*) Epit. de S. Paul à Tite, ch. 3. v. 10. 11.

rête pour donner ici plus de lieu à la réflexion.

Naaman véritablement converti à la Religion du vrai Dieu, ne se réserve pas la liberté d'adorer, au moins dans la vérité, le Dieu de son Roi, & Elisée aussi ne lui en accorde pas la permission. Toute inclination n'est pas adoration; & toute adoration n'est pas adoration véritable. On peut s'incliner sans adorer, & adorer sans le faire d'esprit & de cœur. Ce Général des armées de la Syrie, est obligé par état d'accompagner son Maître dans le Temple; il s'apuye sur lui quand il s'incline devant l'Idole & qu'il adore; il est forcé de suivre le mouvement de son Maître, de s'incliner & d'adorer avec lui, non pas comme lui. Ce mouvement est un service extérieur & purement civil qu'il rend au Roi. Cette action toute indifférente qu'elle est dans l'ordre de la Religion, trouble le fervent Naaman; elle lui cause de l'inquiétude, il suplie Elisée de prier le

Seigneur pour lui. Le Prophete qui sait qu'il a confessé publiquement son sincere renoncement au culte des Idoles, & son attachement solide à la Religion du vrai Dieu, l'envoie en paix.

Il est bien différent de permettre qu'une chose se fasse, ou de souffrir qu'elle continue de se faire quand on l'a trouvée établie. Il étoit ordinaire dans les premiers tems de l'Eglise, de voir les hommes & les femmes indifféremment prophétiser & expliquer les Ecritures. Joël l'avoit prédit; (*a*) & Jesus-Christ avoit renouvellé cette prédiction. (*b*) L'Eglise de Corinthe avoit reçu avec abondance, ces avantages spirituels, & les femmes comme les hommes y avoient eu part. On abuse souvent des meilleures choses; les femmes voulurent paroître dans l'Eglise la tête découverte, & en cet état y enseigner publiquement; il leur avoit été ordonné de tous les tems, d'y porter un voile. Saint Paul

―――――――
(*a*) Joël. ch. 2. v. 28. 29.
(*b*) Joan. ch. 7. v. 38. 39.

les avoit en vain rapellés en plusieurs rencontres, à la pratique de ce précepte. Il jugea par tous ces traits de désobéissance, de vanité, d'immodestie, qu'elles n'étoient plus inspirées par l'Esprit Saint, que c'étoit la parole de la femme, & non celle de Dieu qu'elles annonçoient : Il leur fit défense, & la leur renouvella plusieurs fois, d'enseigner, de parler même désormais dans l'Eglise.

Les femmes parmi les Quakres, comme on peut le voir, ne prêchent pas en vertu de la permission de S. Paul. Cette Secte ne prit jamais rien ni de J. C. ni de ses Apôtres ; ses maximes & ses usages qui sont connus aux Anglois, rendent les Quakres & les Quakresses souverainement méprisables à cette Nation. Il leur est défendu pour cause d...., de s'assembler comme ils faisoient autrefois dans leur Temple, les portes fermées. A Lanceston, ville de la Province de Cornouaille, un Prêtre Irlandois, qui parloit l'Anglois parfaitement, y entra

Il y a quelques années, dans le tems qu'on prêchoit ; il entendit des choses qui le révoltèrent ; il interrompit le prétendu inspiré ; il lui fit de vifs reproches, & sortit ; sur le champ le Maire fut informé de cette insulte, il s'en réjouit beaucoup.

* Voyez, si vous voulez, ce ch. en son lieu.

* Le Chapitre ordurier de l'amour Socratique, sera toujours condamné par tous les honnêtes gens. Celui-là seul suffisoit pour engager les sages Magistrats à flétrir tout le Dictionnaire Philosophique, & à le faire brûler ignominieusement : Je ne sai s'il ne décela pas le vieux libertin.

* Voyez le ch. Ange.

† Les noms de Gabriël, Michaël, Raphaël ne passèrent jamais pour arbitraires chez les Hébreux. Ces Peuples crurent toujours d'après les divines Ecritures, comme nous le croyons aujourd'hui, que les Etres spirituels qui les portent, les avoient reçu de Dieu même. (a)

(a) Gabriel Daniel, ch. 9. v. 21. Michael, Id, ch. 10. v. 31. Raphael, Tobie, ch. 3. v. 25.

Pour que les paroles raportées dans un Livre soient authentiques, il n'est pas nécessaire que l'Auteur ait des Copistes, qui disent la même chose; il suffit que l'on convienne de leur authenticité. Moyse a dit dans la Genese, que le Serpent, ou comme on l'interprete, le Démon, cet Ange de ténebres, avoit séduit Eve. On le croit. Les répétitions de cet Oracle sacré seroient inutiles.

* Ce que le Contradicteur dit de la Chine, mérite-t-il une grande attention? Les relations que les Jésuites Missionnaires en ont aportées en Europe, ont-elles été faites sur des Livres bien authentiques? (*a*) Qui pourra l'assurer? Pourquoi parmi les trente-six éclipses de Soleil qui y sont raportées, y en a-t-il que l'on croit fausses

Voyez le ch. Chine.

(*a*) Elles ont été faites, dit-on, sur les Livres de Confucius que l'Empereur Chi-Hoangthi jadis ordonna de brûler; que tous les Mandarins méprisent aujourd'hui, & qui n'ont de crédit que parmi le Peuple.

& d'autres douteuses ? (a) Cette bévue de mauvais Astronome, qui est conforme à l'idée que nous avons de la Chine, ne diroit-elle pas que ces éclipses auroient été trouvées par les Chinois dans un calcul rétrograde, qu'ils ne les auroient jamais observées dans le Ciel, & que les trois mille ans de regne de Fohi, avant notre Ere vulgaire, & les années de regne des quatorze Empereurs qui le précédérent, seroient imaginaires ? Elle n'avoit pas échapé, je penserois aux PP. Jésuites habiles Mathématiciens & Missionnaires zèlés pour les intérêts de

(a) Si l'autorité de l'Auteur de l'essai sur l'Histoire universelle, & sur les mœurs & l'esprit des Nations, depuis Chârlemagne jusqu'à nos jours, pouvoit être ici de quelque poids, je dirois qu'au premier Chapitre du premier volume de cet Ouvrage, il remarque que le Pere Gaubil, un des Missionnaires Mathématiciens, qui furent envoyés dans les derniers siecles en Chine, après avoir examiné une suite de trente-six éclipses de Soleil, raportées dans les Livres de Confucius, n'en avoit trouvé que deux fausses & deux douteuses.

notre Religion sainte, dont l'objet seul en communiquant aux Européens, leurs observations de la Chine, étoit de faire connoître le caractere de cette Nation, & de la comparer aux Egyptiens, qui comme elle jadis, avoient eu la sotte vanité de vouloir se perdre dans les ténebres épaisses de l'Antiquité la plus reculée; ils ne pouvoient deviner que le Maître des Sceptiques prétendus de notre siecle, hasardât jamais de s'en servir pour jetter des doutes dans l'ame des François, pour leur faire remarquer des Peuples prétendus qui ont échapé au Déluge que nous disons universel, & pour essayer même de leur montrer des Préadamites.

* Il faut que l'homme existe sans contredit avant que de sentir & de penser. Après la mort de l'homme, quand l'ame, substance spirituelle, est séparée du corps; quoique le corps qui est dissous ne sente plus, l'ame qui est incorruptible pense toujours; l'incorruptibilité & la pensée sont ses deux propriétés; comme la

* Voyez la ch. Catéch. Chinois, trois. Entret.

dissolution est le propre du corps qui est matiere.

Vous n'oseriez pas nier que Dieu ait pouvoir d'animer l'être peu connu, que nous apellons matiere, pourquoi donc se serviroit-il d'un autre agent pour l'animer ?

C'est-à-dire, vous n'oseriez pas nier que Dieu ait le pouvoir d'animer la pierre, les métaux, les plantes, les animaux, pourquoi donc donneroit-il une ame à l'homme ? Outre tous les êtres qui végétent, & les êtres qui respirent, que Dieu a fait pour l'homme, il a voulu se former une créature qui pût le connoître, le servir, l'aimer, l'adorer, lui raporter ses actions & toutes ses pensées comme à leur premier principe; & pour cela il a été nécessaire qu'il donnât à l'homme une ame substance spirituelle, capable de tous ces actes religieux.

L'ame est donc, je le répéte, une substance spirituelle, qui vient de Dieu, quand il plaît à Dieu pour animer nos corps; & vouloir raisonner de l'Etre suprême comme on feroit de la créature, c'est une impiété grossiere, qui fait pitié & horreur tout ensemble.

* Quoique l'homme ait le pouvoir de résister à la Grace efficace, il ne lui résiste jamais ; elle a toujours son effet infailliblement ; dire le contraire, est vouloir ne pas entendre la force du terme efficace. La Grace suffisante donne la puissance d'agir dans les choses faciles, & le pouvoir de demander dans celles qui sont difficiles ; peut-être le Contradicteur malgré les effets réitérés, peu durables à la vérité par sa faute, de cette divine vertu sur son cœur, ne reconnoît-il pas de Grace efficace. La conversion alors de la Magdelene, du Larron sur la Croix, des Saul, des Augustin, fera toujours preuve complette contre lui.

* Voyez le chapit. Catéchisme du Curé.

* L'Etre matériel seul qui est composé de parties, est sujet à s'altérer. La folie ne peut être l'effet de la maladie de l'ame, qui est une substance spirituel-

* Voyez le ch. Folie.

le ; elle est causée par quelque dérangement dans les fibres, qui servent à former les organes du cerveau. Ce qui doit nécessairement arrêter leur jeu, & empêcher qu'ils ne soient propres à recevoir les impressions de l'ame, qui sont les mêmes, au moins quant à la justesse dans les sages & dans les fous. (*a*) Ce dérangement qui est toujours plus ou moins grand, explique les différentes especes de folies ; pourquoi il y a des fous qui raisonnent dans certains momens, pourquoi il y en a qui ne raisonnent jamais.

* Voyez le ch. Grace. * La Grace en général est un don gratuit de Dieu ; parmi ses dons, les uns sont naturels, & c'est tout ce qui donne vie & accroissement à tous les êtres qui végétent, & à ceux qui respirent ; les autres sont surnaturels, & c'est ce que les Théologiens apellent Grace suffisante, ou Grace efficace,

(*a*) Un Organiste habile veut toucher de l'orgue, il met les doigts sur les touches du Clavier ; elles résonnent mal ; dans qui est le vice ?

qui font autant de moyens dont Dieu se fert pour engager l'homme à détester le vice, & à pratiquer la vertu.

* Qui ne fait qu'il eft un ordre de chofes phyfiques dans lequel l'homme ne peut faire ufage de fa liberté ? Il n'eft pas libre, par exemple, d'entendre ou de ne pas entendre un coup de canon de 36, qui fe tire à peu de diftance de lui ; un chien de baffe-cour, qui aboie à la lune près de la maifon où il loge ; un grand parleur qui dit fouvent des fottifes dans la Compagnie où il fe trouve ; un poliffon contrefaire l'âne qui brait dans la place qu'il traverfe, &c. Faire de femblables raifonnemens pour combattre la liberté que tous les Théologiens catholiques reconnoiffent dans l'homme, eft abufer de fon difcernement, faire des objections frivoles, & dire des riens. Quand on dit que l'homme eft libre, on entend dans les chofes fpirituelles & morales ; il eft libre dans l'ordre des chofes

Voyez le ch. Liberté.

morales, d'opérer le bien qu'il veut; dans l'ordre des choses spirituelles & méritoires, secondé de la Grace du Tout-Puissant, il est libre de faire le bien qu'il lui plaît, de pratiquer la vertu, & de fuir le vice; de remplir enfin, tous ses devoirs envers Dieu & envers le prochain.

[*] Voyez le ch. Matiere *Toute l'Antiquité païenne qui a cru l'éternité de la matiere, s'est trompée, elle a donné dans bien d'autres erreurs aussi grossieres; disons-le, qu'importe que des hommes aveugles qui admirent jadis la pluralité des Dieux, & reconnurent des Divinités supérieures & subalternes, (*a*) aient enfanté un semblable système;

(*a*) M...... qui se croit ici intéressé à se conserver l'autorité des Empereurs, des Grands, des Philosophes de l'Antiquité, essaie sans fondement au Chapitre Idole, &c. de persuader qu'une vile populace seule jadis fut polythéiste: Je réponds que tout le raisonnement que cet ingénieux & adroit Ecrivain fait à ce sujet, n'est tout au plus qu'une conjecture qui est constamment fausse; qu'il n'est point ordinaire de voir une basse & ignorante populace imaginer des systêmes

système ; un Chrétien éclairé qui sait que la seule idée juste & raisonnable que l'on puisse avoir de Dieu, est de le concevoir comme l'Etre souverain, qui n'a ni supérieur ni égal ; devroit-il pour cela en nos jours paroître l'adop-

systêmes de Religion, que c'est beaucoup pour elle de les suivre ; que d'ailleurs, si l'on en croit le Prince des Orateurs Latins dont je raporterai bientôt les paroles ; les Philosophes anciens étoient bien capables d'enseigner publiquement l'absurde polythéisme. Qu'il y avoit un ancien Decret chez les Romains, qui défendoit même à l'Empereur de consacrer aucun Dieu, sans le consentement du Sénat : qu'Alburnus Dieu de M. Emile, perdit en conséquence tout ensemble sa divinité, son pouvoir & ses adorateurs. Que les Histoires anciennes, sacrées & profanes sont remplies des noms fameux de personnes distinguées par leur rang, qui rendirent un culte sacrilége aux Simulacres ; que ce ne fut pas des hommes sans talent, comme sans pouvoir & sans crédit, qui firent élever les magnifiques Temples des Egyptiens, des Grecs, des Romains ; que les Sénateurs de l'Aréopage & du Capitole, furent tous Idolâtres ; que les Néron, les Trajan, Valérien, Dioclétien, Maximien, Julien, & tant d'autres furent les persécuteurs d'une infinité de Chrétiens, qui refusérent de sacrifier aux faux Dieux.

P.

ter ? Ecrire que *la Religion ne fut jamais effarouchée qu'un Dieu éternel fut reconnu comme le Maître d'une matiere éternelle ? Que l'éternité de la matiere n'a nui chez aucun Peuple au culte de la Divinité ?* Si la matiere est éternelle, elle existe nécessairement, elle tient d'elle seule son existence : Dieu ne lui a pas donné l'être ; il ne sauroit lui ôter ; il n'a pas un empire universel & illimité sur tous les êtres. Si la matiere est éternelle ; elle est indépendante de Dieu ; elle n'est pas soumise à son pouvoir ; il n'a pu en disposer pour former le monde. Si la matiere est éternelle ; elle est immuable ; sa constitution fait partie de son essence, & ne peut pas plus changer qu'elle ; ayant telle disposition par elle-même, elle l'a nécessairement: dans cette hypothese, Dieu n'a pu lui donner une nouvelle conformation. Je passe sous silence ce que l'on dit en Métaphysique, que l'existence éternelle est évidemment la plénitude de l'Etre ; que la plénitude de l'Etre est la souveraine perfection ; que la souveraine perfection est cette propriété suprême & infinie qui ne peut convenir qu'à Dieu seul.

La matiere, quels que soient les sentimens de certains prétendus Philosophes anciens & modernes, quoiqu'en dise aussi M....; la matiere, dis-je, a donc eu un commencement, & elle aura une fin ; elle n'est pas co-éternelle à Dieu : Il l'a tirée, quand il lui a plu, des ténebres du néant ; elle en est le merveilleux effet de sa parole toute-puissante : il a dit, chante le Roi David dans le cent quarante-huitieme de ses Pseaumes, & tout a été fait : il a commandé, & toutes choses ont été créées : *Ipse dixit & facta sunt ; ipse mandavit & creata sunt.*

* Nous naissons tous portés au mal. Nos mauvaises inclinations se dévelopent à mesure que nous avançons en âge ; nous sommes tous naturellement ou orgueilleux, ou ambitieux, ou jaloux, ou avares, ou voleurs, ou intempérans, ou menteurs, ou médisans,

* voyez le ch. Méch.

ou calomniateurs, ou coleres, ou traîtres, ou vindicatifs, &c. & quoiqu'en dise le prétendu Sceptique qui entreprend de dire le nombre, & de donner même la liste des hommes méchans, & de ceux qui ne le sont pas ; je dirai toujours, & je crois dire vrai, que le plus parfait d'entre les hommes, est le moins imparfait, & celui qui est le moins sujet aux vices que je viens de rapeller.

* Voyez le ch. Messie. * La créance de la venue du Messie est un article fondamental de foi. Les Juifs nient cette venue, pour essayer de justifier leur monstrueux déicide : L'accomplissement des Prophéties de Moyse, d'Isaïe, de Daniel, de Jérémie, de Zacharie, de David, de Malachie, qui l'annonçoient, mérite seul toute notre attention & notre soumission.

Un Ecrivain sensé devroit-il se charger de raporter à des Chrétiens, des rêveries & des sottises que les Rabbins n'écrivent que pour les Juifs ? Ce sont des aveugles volontaires pour la plupart qui sont aux gages de Synagogues pour conduire d'autres aveugles. On essaieroit en vain de vouloir éclairer les uns & les autres ; ils sont obstinés dans leur aveuglement, & la durée de leurs ténebres est prédite.

* Dieu seul, dit Saint Augustin dans son troisieme Sermon de l'Ascension, ne pouvoit mourir, & l'homme seul ne pouvoit triompher de la mort. Il n'est donné qu'à un Homme-Dieu de se ressusciter lui-même ; Jesus-Christ, ce divin Messie, meurt ignominieusement par les mains des Juifs furieux. Trois jours après il se ressuscite selon la promesse qu'il en a faite. Les Juifs aveugles, fournissent eux-mêmes sans le vouloir, les témoins & les preuves de cette résurrection. Que pourroient-ils dire aujourd'hui contre Jesus-Christ ce divin Messie, Dieu & homme, qui ne soit à leur condamnation & à leur honte ?

* Voyez le Chap. Résurrection.

Je puis bien en finissant, sur-tout, répéter avec juste fondement, ce que j'ai cru devoir avancer d'abord, que l'Auteur du Dictionnaire Philosophique portatif, paroît dans presque tout son Livre, (*a*) moyens attaché à donner ses sentimens, qu'à chercher par des sophismes, les moyens injustes d'embarrasser les Théologiens, de faire illusion au Peuple, & d'agrandir de plus en plus son nom aux dépens de la foi & des mœurs des François ses compatriotes.

(*a*) Les excès impies commis à Abbeville, contre l'image de Jesus-Christ & de la Vierge, par des jeunes gens qui avoient malheureusement lu ce Livre empoisonné, devroient bien pour toujours le détourner d'écrire sur les matieres de Religion, ou du moins y écrivant, le rendre plus circonspect & plus véridique. *Nescio quomodo nihil tam absurde dici potest, quod non dicatur ab aliquo Philosophorum.* Cicer. *de Divinitate*. L. 2.

F I N.

TABLE DES MATIERES

Contenues dans ce Volume.

Abraham,	page 5
Ame,	10
Apocalypse,	17
Baptême,	19
Christianisme,	45
Confession,	62
Enfer,	67
Ezéchiel,	70
Genèse,	83
Histoire des Rois Juifs & les Paralipomènes,	113
Moyse,	119
Miracle,	144
Paul,	151
Circoncision,	172
Pierre,	184
Religion,	187
Salomon,	189
Tolérance,	215

Table des Matieres.

Amour Socratique, 220
Ange, ibid.
Chine, 221
Catéchisme Chinois, troisième, prévention, 223
Catéchisme du Curé, Grace efficace, & Grace suffisante, 225
Folie, ibid.
Grace en général, 226
Liberté, 227
Matiere, 228
Méchant, 231
Messie, 232
Résurrection, 233

Fin de la Table.

ERRATA.

Page 2. de la Préface, ligne 4. proportionnées, lisez proportionnées.

Pag. 7. aux Notes, ligne 3. egredetur, lisez egrederetur.

Pag. 12. ligne 20. tous les, lisez tous ces.

Pag. 18. ligne 4. n'en n'entende, lisez n'en entende.

Pag. 18. ligne 8. omettez pas.

Pag. 24. ligne 21. lui, lisez luit.

Pag. 38. ligne 3. Math, lisez Marath.

Pag. 52. ligne 23. plénitu, lisez plénitude.

Pag. 56. ligne 19. de Parthes, lisez de Pâques.

Pag. 60. ligne 18. nacquit, lisez naquit.

Pag. 62. ligne 19. les rites, lisez les rits.

Pag. 64. ligne 20. Areopagiste, lisez Areopagite.

Pag. 65. ligne 1. de Homelie, lisez de l'Homelie.

Pag. 65. ligne 3. d'Eusebe Cesarée, lisez d'Eusebe de Cesarée.

Pag. 72. ligne 14. à la Note, ægnimatiquement, lisez énigmatiquement.

Pag. 83. On a omis, Genese en apostille.

Pag. 123. lignes 10 & 11. continuyions, lisez continuyons.

Pag. 123. ligne 21. par le sain, lisez par le Saint.

Pag. 215. ligne 21. victoires, lisez les victoires.

Pag. 147. ligne 25. subites, lisez subits.

Pag. 152. ligne 4. insruit, lisez instruit.

Pag. 160. ligne 3. quignoroient, lisez qui ignoroient.

Pag. 164. ligne 4. n'on n'avoit, lisez n'en avoit.

Pag. 171. à l'apostille, Chi Circoncision, lisez Circoncision.

Pag. 174. derniere ligne de la Note, l'anciennes, lisez ancienne.

Pag. 175. ligne 23. peples, lisez peuples.

Pag. 188. ligne 28. il renia, lisez, il le renia.

Pag. 189. à l'apostille, voie, lisez voies.

Pag. 194. ligne 22. noces, lisez noce.

Pag. 220. ligne 6. insulté, lisez insultée.

Pag. 234. ligne 2. moyens, lisez moyen.

www.ingramcontent.com/pod-product-compliance
Lightning Source LLC
Chambersburg PA
CBHW071909160426
43198CB00011B/1224